Zwölf Argumente
für den Austritt aus der
katholischen Kirche

Bruno Jordan

Zwölf Argumente für den Austritt aus der katholischen Kirche

— Eine Streitschrift —

EDITION PANDORA

– Bibliografische Information der Deutschen Nationalbibliothek –
Die Deutsche Nationalbibliothek verzeichnet diese Publikation in
der Deutschen Nationalbibliografie; detaillierte bibliografische Daten
sind im Internet über http://dnb.d-nb.de abrufbar.

IMPRESSUM

ISBN: 978-3755766391

BRUNO JORDAN:

ZWÖLF ARGUMENTE FÜR DEN AUSTRITT AUS DER KATHOLISCHEN KIRCHE

Originalausgabe 02/2022 (Print/eBook) by © Edition Pandora®

Lektorat und Umschlaggestaltung: das_redaktionsbuero

Herausgeber: © Pandora Publishing | argumente@das-redaktionsbuero.de

Gesetzt aus der Garamond

Herstellung und Verlag: BoD – Books on Demand, Norderstedt

Dieses Buch gibt es auch als eBook,

z. B. im amazon Kindle Bookstore

Inhalt

Vorwort des Autors (2022)

SEIT DIESES BUCH erstmals erschien[1], erreichen mich Briefe und eMails von Lesern, die sich bedanken für die klaren Worte, für das unverbrämte Benennen von Doppelmoral, Absurditäten, Widerwärtigkeiten und Lügen der (katholischen) Kirche. Bezeichnenderweise kommen die meisten dieser Zuschriften von Missbrauchsopfern, die dankbar dafür sind, dass ein Außenstehender, noch dazu katholisch Getaufter, den Finger in die Wunden legt.

Eine Schlüsselrolle für die Missstände in der katholischen Kirche spielte Joseph Ratzinger, der ehemalige Chef der Glaubenskongregation des Vatikan, der 2005 zum Papst [Benedikt XVI.] gewählt wurde. In der Tradition seiner Vorgänger gab er die Anweisung heraus, Missbrauchsfälle, wo immer sie auf der Welt geschehen mögen, unmittelbar und direkt an ihn und die Kongregation zu melden, nicht aber an die Staatsanwaltschaften. Die Fälle sollten intern ›geklärt‹ werden, eine Strafanzeige erfolgte über Jahrzehnte hinweg so gut wie nie. Anfang 2022 tauchten ähnliche Vorwürfe gegen Joseph Ratzinger wegen Fällen von fahrlässigem Dulden von Missbrauchstaten und Vertuschung in seiner Zeit als Erzbischof von München und Freising in den Jahren 1977 bis 1981 auf, mehr dazu im Kapitel V. – Jedoch, es geht hier nicht um Herrn Ratzinger persönlich, sondern um das System, für das er steht.

Diese Schrift widmet sich freilich nicht ausschließlich diesem schlimmen Kapitel, sondern geht das Thema breiter an, von der sexuellen Bigotterie, über ihre Größe und ihren Reichtum bis hin zum Verhältnis zum Islam oder den skurrilen Ritualen, aber auch den Entertainment-Qualitäten der katholischen Kirche.

Einige kritische Rezensenten haben dem Buch Oberflächlichkeit vorgeworfen. Das möchte ich unterstreichen: es ist wirklich oberflächlich. Schließlich wurde die Erstausgabe innerhalb von nur drei Wochen im Anschluss an einen Papstbesuch in

---

[1] 1. Auflage Januar 2012, ISBN: 978-3842383999

Deutschland verfasst. Allerdings ändert das nichts an den wahren Sachverhalten und Kernproblemen, die angesprochen werden, wenn auch lückenhaft. Zu jedem Einzelkapitel dieses Buches gibt es ganz sicher zahlreiche Spezialtitel, die mehr in die Tiefe gehen. – Diese Tiefe war nicht die Absicht der *Eiligen Schrift*, wie das Werk ursprünglich hieß. Die Absicht war, Denkanstöße zu liefern und zur eigenen, intensiveren Recherche anzuregen.

Die Kirchenaustritte scheinen sich in diesen Tagen zu mehren, darum ist es nur logisch, der kleinen Streitschrift einen neuen Titel zu geben: *Zwölf Argumente für den Austritt aus der katholischen Kirche*[2]. Möge das Buch nunmehr noch einige weitere Leser finden. Amen.

Bruno Jordan,
München, Januar 2022

ANMERKUNG

Diese Streitschrift wendet sich gegen die Dogmen der katholischen Kirche und ihrer obersten Hirten, nicht gegen die Abertausende von christlichen und katholischen Helfer weltweit, die Gutes tun, und dabei oft genug gegen diese Dogmen verstoßen.

REDAKTIONELLE ANMERKUNGEN

Wenn im Text an einigen Stellen lediglich von ›Kirche‹ gesprochen wird, so ist damit in der Regel die katholische Kirche im engeren Sinne gemeint. Sollte es anders sein, erschließt es sich aus dem Zusammenhang. – Die in den Fußnoten mit einem Stern [*] gekennzeichneten Quellen sind zitiert nach Alan Posener: Der gefährliche Papst, Ullstein, 2011 – wurden aber, so weit möglich, in der Primärquelle verifiziert.

---

[2] der evangelischen nicht minder, aber das wäre ein anderes Buch

Zwölf Argumente für den Austritt aus der katholischen Kirche
Sie ist: I. Selbstgefällig

EIN WESENSMERKMAL der katholischen Kirche ist: Sie ist selbstgerecht ohne Ende. In Talkshows machen sich Kirchenmänner breit, lümmeln sich in ihre Diskutanten-Stühle, grinsend oder milde lächelnd, und reden salbungsvoll daher. Kritik, die angesichts der Missbrauchsskandale angebracht ist wie selten, lassen sie in selbstgerechtem und weihevollem Ton an sich abperlen. Meist verkaufen sie die Missbrauchsfälle sogar noch als eine große Leistung der Kirche: Als große Aufklärungsleistung nämlich – statt sie als das zu bezeichnen, was sie ist: eine riesige Vertuschungsaktion über Jahrzehnte hinweg, die bis heute andauert.[3]

Eine Vertuschung, zu der Joseph Ratzinger, der vormalige Papst, als Präfekt (Chef) der Glaubenskongregation wesentlich mit beigetragen hat. Aber dazu später mehr.

Sollte wirklich einmal ein scharfer Kritiker der Kirche zu so einer Talkrunde eingeladen sein, wird er schnell von einer beschwichtigenden Moderatorin wieder eingebremst. Man will einem edlen Kirchenfürsten doch nicht auf den imaginären Schlips treten. Warum eigentlich nicht? Welche Sonderrechte hat die Kirche immer noch? Üben die braven Fernseh-Macher vorauseilenden Gehorsam gegenüber den Rundfunkräten, die

---

[3] Diese Passage stammt aus dem Jahr 2011. Geändert hat sich wenig, wie die technokratische und gefühllose Pressekonferenz von Kardinal Reinhard Marx am 27. Januar 2022 zeigte, bei der es um Missbrauchsfälle und deren Vertuschung in der Erzdiözese München und Freising ging.

überproportional mit Kirchenvertretern und scheinheiligen Moralaposteln besetzt sind? Was, nebenbei, haben die da eigentlich zu schaffen? Was soll die Einflussnahme auf die Medien?

Die Selbstgerechtigkeit der katholischen Kirche erstreckt sich aber in einigen Kreisen nicht nur auf Laien und Andersgläubige, sondern auch auf Konkurrenzkirchen. In den letzten Jahren kam es nicht selten vor, dass evangelische Kirchenleute von katholischen Würdenträgern als Christen zweiter Klasse angesehen wurden. Herablassend, milde lächelnd oder zynisch – je nach Charakter. Die Gemeinsamkeiten, die man früher gesehen hat, treten in den Hintergrund, man legt wieder Wert auf das Trennende, auf die klare Kante.

Auch hier gab Papst Benedikt die Linie vor, nämlich als er sagte, dass ihm von allen christlichen Glaubensgemeinschaften die Orthodoxen am nächsten stünden. Nicht etwa die Evangelen. Ja, nicht einmal eine »richtige Kirche« seien diese: In einer Vatikanischen Schrift, die aus dem Juli 2007 stammt (»Antworten auf Fragen zu einigen Aspekten bezüglich der Lehre über die Kirche«[4]) wird den Protestanten das Recht abgesprochen, sich als »Kirche« zu bezeichnen. Sie seien lediglich eine Glaubensgemeinschaft.

Man kann das als Arroganz und Dummheit bezeichnen, aber das ist es nicht, das wäre eine zu simple Erklärung.

Dahinter steckt ein Plan. Platt ausgedrückt ist es der Plan der Missionierung. Das, was im Frühmittelalter die Hauptaufgabe der Kirche war, die ganze Welt mit ihrem Gedankengut und ihrem »Glauben« zu überziehen, wurde von Benedikt XVI. reaktiviert.

Neues Terrain gewinnt man aber nicht mit Wischiwaschi-Aussagen, sondern mit einem unverwechselbaren Profil, mit klarer Kante und mit radikaler Denke. Das hat der Islam dem modernen Christentum vorgemacht, und dieses hat die Lektion staunend und dankbar aufgenommen.

---

[4] Süddeutsche Zeitung vom 10. Juli 2007
www.sueddeutsche.de/panorama/schreiben-aus-dem-vatikan-papst-protestanten-sind-keine-kirche-1.922295

Dabei ist es unbedeutend, ob diese Handlungsmaximen im höchstem Maße reaktionär und rückwärtsgewandt sind. Hauptsache, man hält sich stur daran und weicht kein Jota davon ab. Das scheint der Weg zum Erfolg zu sein, der Weg also, neue Schäfchen für die Kirche zu rekrutieren. – Nicht im engen deutschen Maßstab, sondern weltweit gesehen.

Es geht also – wie in der Politik – gar nicht um Inhalte, sondern um Taktik und um Machterhalt. Die Frage, die sich der (damalige) Papst stellte, ist: Welche Strategie bringt meiner katholischen Kirche am meisten Zulauf, am meisten Mitglieder, stärkt sie weltweit am meisten? Schon vor Jahrzehnten kam er zu dem (zynisch-logisch) richtigen Schluss: Es ist der Weg des Fundamentalismus.

Ob die Kirche sich dabei »gut« verhält, ob sie sich zeitgemäß verhält, ob sie Lösungen für das 21. Jahrhundert anbietet, ob sie die Menschen in ihrer heutigen Lebenswirklichkeit ernst nimmt und ihnen weiterhilft – all das ist dabei zweitrangig. Priorität hat, was die Kirche weltweit größer und mächtiger macht, nicht im kleinen deutschen oder europäischen Maßstab. Deshalb war auch die Wiederannäherung von Papst Benedikt XVI. an die erzkonservative, radikale Piusbruderschaft[5] mit ihren Holocaust-Leugnern kein Versehen oder Missgeschick, sondern Kalkül.

Ob die Kirche sich also bei all dem »gut« verhält, ist für sie selbst zweitrangig. Aber sie hat ja eine wahrhaft clevere Lösung dafür. Sie definiert ja selbst, was »gut« und was »böse« ist. Sie gibt die Richtschnur vor. Eine unglaublich komfortable Situation. Und ein Trick, auf den die klügsten Medien und Journalisten hereinfallen.

All das, der Expansionskurs der Kirche, der Exklusivitätsanspruch auf die Wahrheit und den »richtigen« Glauben, führt zu den Bildern, die wir immer mal wieder im TV vorgeführt bekommen: Saturierte Kirchenfürsten in ihren Phantasieuniformen, mit mildem Lächeln auf den Lippen, und einer ungebremsten Selbstgefälligkeit.

---

[5] https://de.wikipedia.org/wiki/Priesterbruderschaft_St._Pius_X.

II. Sexuell Bigott

UNTER BIGOTTERIE versteht man gemeinhin das offensive Vertreten einer moralischen Position nach außen, während man sich intern, im Geheimen und unter seinesgleichen, völlig anders verhält. Genau so verfährt die katholische Kirche mit der Sexualität.

Im Mittelalter (und noch bis ins 17. Jahrhundert) gab es Päpste, die ganze Heerscharen von Nachkommen zeugten, und deren Konkubinen fast wie in einem Harem lebten. Und das ganz öffentlich, ohne ein Geheimnis daraus zu machen. Kirche war also nicht immer so verklemmt und (nach außen) anti-sexuell.

Zwar war man schon viel früher (Einführung des Zölibats: 1139) auf den cleveren Gedanken gekommen, dass sich Priester weniger der Sinneslust widmen sollten, als der Lust am Gebet und der Gottesandacht, doch die Kirchenchefs hielten sich, wie gesagt, für die nächsten paar Jahrhunderte am allerwenigsten daran. Für die Führung des einfachen Priesterpersonals hatte der Zölibat aber gewaltige Vorteile:

• Die Priester polierten nach außen ihr Ansehen auf, als gottesfürchtig und rein, über allen sexuellen Niederungen stehend.

• Die Priesterschaft war wesentlich stärker an die Kirche gebunden, denn die Familie wurde ausgeschaltet. Nachkommen gab es nur noch in Form unehelicher Kinder, die man ignorieren und verschweigen konnte.

• Priesterbesitz wurde somit nicht vererbt, sondern blieb bei der Kirche.

Der Nachteil der Angelegenheit ist, dass der Zölibat in den meisten Fällen nicht wirklich funktionieren kann, sondern eine bigotte Scheinwelt erschafft. Denn die Sexualität der Priester verschwindet ja nicht. In den wenigsten Fällen wird sie wohl zu 100 Prozent im Gottesdienst sublimiert werden.

Sex findet also statt, nur, wie eine verbotene Droge, heimlich, im Verborgenen, oder stillschweigend geduldet.

Letzteres findet man bis heute in vielen ländlichen Regionen, wo die Gemeinde genau weiß, dass die Pfarrersköchin dem Pfarrer mehr besorgt als den Haushalt. Aber in diesen oft bayerischen Gefilden gilt »leben und leben lassen«, und die anarchische endemische Bevölkerung maßt sich an, es in manchen Dingen eben besser zu wissen, als der Papst. Das ist gut so, aber natürlich keine Lösung für die Allgemeinheit.

Viele Pfarrer befinden sich in weniger komfortablen Situationen, aber auch sie müssen irgendwohin mit ihrer Sexualität – und da hilft dann oft nur die Pornosammlung, oder die Straßenstrich-Dame in der nächsten Großstadt.

Wenn genau die gleichen Priester sich später beim Predigen auf der Kanzel beim Thema Sexualität moderat zurückhalten und keine moralischen Postulate aufstellen würden, müsste man nicht weiter darüber reden. Unangenehm wird es aber, wenn genau dieselben dann den Leuten im Namen der katholischen Kirche erklären wollen (und sollen), was moralisch in Ordnung ist, und was nicht. Wann man Kondome benutzen darf, und wann nicht. Und ob vorehelicher Sex okay ist, oder nicht.

Sexualität ist etwas Gesundes, Befreiendes, und es wäre – damit kein Missverständnis aufkommt – begrüßenswert, wenn auch katholische Priester ihre Sexualität legal ausleben könnten.

Schlecht ist nur, wenn hinter Pfarrhausmauern kräftig gevögelt, aber nach außen hin so getan wird, als befinde man sich auf einer höheren moralischen Stufe, als sei man ein besserer Mensch, weil man keinen Sex habe.

Diese Bigotterie ist eines der Lebenselixiere der katholischen Kirche, und diese denkt nicht im Traum daran – etwa durch Abschaffung des Zölibats – etwas daran zu ändern.[6]

---

[6] Unter äußerstem Druck nach Veröffentlichung eines Gutachtens über Missbrauch in seiner Diözese ließ sich der Erzbischof von München und Freising, Kardinal Reinhard Marx im Januar 2022 dazu hinreißen, den Zölibat in Frage zu stellen. Wohlfeil freilich, denn es liegt nicht in seiner Entscheidungskompetenz. www.spiegel.de/panorama/gesellschaft/kardinal-reinhard-marx-bei-manchen-priestern-waere-es-besser-sie-waeren-verheiratet-a-b014a4df-56d2-4320-824e-b2e211b5ba5f

P. S.: Von Sexualität, die sich in Richtung der Schutzbefohlenen wendet, also Lust auf Knaben oder kleine Mädchen, von Kindesmissbrauch, Misshandlung, Prügelei und Folter war in obigem Kapitel bewusst nicht die Rede, denn hier ging es zunächst einmal um die ›normale‹, einvernehmliche und legale Sexualität. Zu den kriminellen Auswüchsen kommen wir später.

III. Rückwärtsgewandt & anti-demokratisch

KAUM JEMAND wird behaupten, dass die Kirche eine durch und durch demokratische Veranstaltung ist. Wie sollte das auch sein bei einer knallhart hierarchisch gebauten Organisation, gegen die die Bundeswehr wie ein laxer Kegelclub erscheint. Demokratische Wahlen gibt es in der Kirche nicht, denn der Chef sitzt oben. Der heißt Gott, und sein Stellvertreter auf Erden, der Papst, führt die Geschäfte.

Soweit ist das kein Problem. Die Kirche hat in unserer pluralistischen, demokratischen Gesellschaft sogar das Recht, partiell undemokratisch zu sein.

Die spannendere Frage ist: Unterstützt die katholische Kirche die moderne fortschrittliche, demokratische Gesellschaft, oder blockiert und bekämpft sie sie?

Die Antwort ist leider, soweit man zurückblicken kann, und heute in guter alter Tradition: Die Kirche befördert nicht die Demokratie, sie ist nicht für Gleichheit unter den Menschen, auch nicht unbedingt für Freiheit und Brüderlichkeit, wenn es höheren Zwecken dient. Die Kirche ist und war stets ein rückwärtsgewandter Bremser der Demokratie.

Aus einem schlichten Verständnis heraus: Die moderne Gesellschaft, so wie wir sie in der westlichen Welt kennen, mithin die westlichen Demokratien, sind von Übel. Warum? Sie verderben die Menschen, bringen sie vom rechten Glauben ab, machen sie oberflächlich, verderben ihre Werte.

Die Demokratie ist somit für die Kirche nichts Anzustrebendes, sondern nur ein Sonderfall der politischen Entwicklung, mit ihren zweifelsfrei guten Seiten, aber vor allem mit ihren üblen Ausprägungen. Darum hatte die Kirche noch nie ein Problem damit, mit absolutistischen Herrschern, Monarchen oder Diktatoren, ganz egal welcher Couleur, gemeinsame Sache zu machen.

Nicht Freiheit und Aufklärung der Menschen ist dabei ihr Ziel, sondern es geht einfach darum, den Einfluss der Kirche möglichst groß zu halten.

Eine ganz verheerende Rolle spielte Papst Pius XII. (im Amt 1939–1958), der mit dem Nazi-Regime kooperierte und letztlich den Nationalsozialisten seinen päpstlichen Segen gab. Lange Zeit hat der Vatikan anschließend diesen Papst geistig weggesperrt und so getan, als wäre er eine missliche Fehlbesetzung auf dem Papststuhl gewesen, ein Versehen der Kirche. Papst Benedikt XVI. betrieb jedoch zu seiner Amtszeit massiv die Seligsprechung von Pius XII., und auch Papst Franziskus lehnt sie durchaus nicht ab[7].

Das zeigt die neue Einstellung des Vatikan: Für das, was man getan hat, will man sich nicht schämen. Ganz egal, wie menschenverachtend es war. Schließlich ist man göttlich legitimiert. Da könnte ja jeder daherkommen und die Kirche kritisieren.

Aber es müssen nicht gleich die Nazis sein, es geht auch ein paar Nummer kleiner: Diktaturen in Südamerika, Stammes-Diktatoren in Afrika, Christliche Fundamentalisten in Asien, oder die Piusbrüder in Frankreich und den USA – die Kirche ist nur allzu gern bereit, mit Extremisten gemeinsame Sache zu machen, wenn es ihrem Machterhalt dient.

Bezeichnend ist die folgende Einlassung Joseph Ratzingers, als er noch Kardinal war (und die übrigens in einer langen immer wiederkehrenden Folge von subtilen oder offenen Entschuldigungen der Nazi-Kollaboration steht). Ratzinger: Auch die »von einem Verbrecher geleitete Regierung« Nazideutschlands habe durchaus auch den »Rechtsgehorsam des Bürgers und die

---

[7] In einer Verlautbarung aus dem Vatikan bezeichnete Franziskus seinen Kollegen Pius XII. als »aufrichtigen Freund der Menschheit und treuen Diener des Evangeliums«. (aus Vatikan News, Okt. 2018) www.vaticannews.va/de/papst/news/2018-10/pius-xii-seligsprechung -fehlt-wunder-holocaust.html

Achtung vor der Autorität der Staates einfordern« dürfen[8] – Von Zivilcourage oder Widerstand ist da also nicht die Rede, sondern von Gehorsam.

Nicht anders präsentiert sich die Kirche in ihrem Umgang mit modernen Diktaturen und Unrechtsregimen.

Der herablassende Umgang mit der Demokratie erklärt sich: Sie gibt es im großen Stil schließlich erst seit ein paar hundert Jahren, die Kirche ist aber zweitausend Jahre alt, und hat alle möglichen Regimes überstanden. Das erklärt die abschätzige Haltung, mit der Benedikt XVI. die demokratischen Gesellschaften betrachtete. Im Gespräch mit einem Journalisten gab Joseph Ratzinger eine vage Vorstellung davon, was er von der Demokratie hält: »... Wir wissen ja, dass die Demokratie selbst, sagen wir, ein gewagter Versuch ist, dass das Entscheiden nach dem Mehrheitsprinzip nur einen bestimmten Rahmen menschlicher Dinge richtig regulieren kann. Es wird zum Unding, wenn es auf Fragen der Wahrheit, des Guten selbst ausgedehnt werden würde ...«[9]

In Fragen der Wahrheit und des Guten, da muss sich ein Papst natürlich sicher sein, hat *er* die richtigen Antworten, nicht die Demokratie. Die katholische Kirche ist im Besitz der absoluten Wahrheit, nicht die Eintagsfliege Demokratie. Diese wird in den Aussagen des (damaligen) Papstes meist umschrieben mit »Zeitalter des Relativismus«, oder sogar, ein Widerspruch in sich: »Diktatur des Relativismus«. Oder aber, noch krasser, mit »Anti-Kultur des Todes«. [Sämtlich Zitate Joseph Ratzingers]

Immer wieder geht es um dieses: Die moderne, freiheitliche demokratische, pluralistische Gesellschaft verdirbt die Werte,

---

[8] In: Joseph Ratzinger: Werte in Zeiten des Umbruchs, Herder 2005, S. 123 ff. [*]

[9] In: Joseph Ratzinger: Salz der Erde. Christentum und katholische Kirche im neuen Jahrtausend. Ein Gespräch mit Peter Seewald, Herder 2004, S. 289 [*]

verdirbt die Menschen, macht sie oberflächlich, unglücklich und ziellos. Das wird wie ein Mantra wiederholt.

Das ist ein cleverer rhetorischer Trick, wie so viele, den die Kirche und ihre Hauptprotagonisten anwenden. Denn es stimmt natürlich zu einem gewissen Grade. Nicht alles in unserer Gesellschaft ist zum Besten bestellt, nicht alles läuft optimal, kurz: Auch wir leben nicht im Paradies.

Soweit stimmt die Aussage, ja. Nur die implizite Schlussfolgerung, die nicht einmal ausgesprochen werden muss, stimmt nicht: Die Kirche ist nicht die Lösung, und sie war es noch nie.

Alle wesentlichen Fortschritte in unserer modernen demokratischen Gesellschaft, auf die wir nicht mehr verzichten möchten, demokratische Werte, Gleichberechtigung, Chancengleichheit, Toleranz und Anerkennung anders Denkender oder anders Liebender, wurden im Wesentlichen *gegen* die katholische Kirche durchgesetzt. Und daran hat sich seit Martin Luther, dem ersten wirkmächtigen Kritiker der katholischen Verbohrtheit und Intoleranz, nichts geändert.[10]

In vielen Fragen könnte die katholische Kirche heute eine vernünftige Richtung vorgeben: Soziale Spaltung der Gesellschaft, Massenmord an Tieren zum Zwecke der Fleischerzeugung, Präimplantations-Diagnostik, Sterbehilfe-Debatte, § 219b[11], Gen-Optimierung beim Menschen, Transhumanismus und so weiter.

Doch das geht ihr, auf Deutsch, am Arsch vorbei. Je brisanter das Thema ist, um so weniger hört man von den Kirchenfunktionären. Beim Thema Atomkraft[12] war es nur Geschwurbel, was in

---

[10] Dass in manchen Weltgegenden Protestanten heute engstirniger und dogmatischer sind als Katholiken, wird hier aus Platzgründen nicht vertieft.

[11] Die Regelung zur sogenannten ›Abtreibungswerbung‹ wird sich demnächst durch den Gesetzgeber ändern, nicht durch die Vernunft der Kirchen.

[12] bezieht sich auf das Jahr 2010, als die Merkel-Regierung die Laufzeiten der Atomkraftwerke verlängerte.

der Öffentlichkeit ankam. Ein sich ständig ums Thema Herumwinden, Ausweichen, Sich-nicht-Festlegen. Bei den meisten anderen politischen Themen, die die Menschen heute berühren, ist es genauso: Die Kirche vertritt entweder uralte, völlig unzeitgemäße und verstaubte Dogmen, oder sie spricht ihre offizielle Positionen nicht einmal aus, weil diese heutzutage völlig untragbar wären. Meist aber verhält sie sich politisch indifferent. Sie hält sich heraus, weil sie angeblich »höhere« Ziele und Werte hat. In Wirklichkeit, weil sie keinen Fortschritt will, sondern Rückschritt.

Wenn ein paar hunderttausend Seelen durch ein explodierendes Atomkraftwerk verlöschen, dann wird man zum Gebet und zur Trauerminute aufrufen. Aber rechtzeitig gegen Atomkraft sein und klare Kante beziehen? Also, da verlangt man zuviel von der Kirche.^(siehe Fußnote 11)

Todkranke und Leidende im Hospiz versorgen und begleiten: ja. Aber ihnen durch Sterbehilfe ein sanftes Entschlummern aus dem durch unerträgliche Schmerzen qualvoll gewordenen Leben ermöglichen: Nein, auch das ist nicht die Position der Kirche.

Aidskranke in Afrika versorgen, für sie beten, sie begraben, okay. Aber rechtzeitig Kondome verteilen, um die Ausbreitung der Krankheit zu verhindern? Nee, da verlangt man ebenfalls zuviel von der katholischen Kirche.

Aber ist das moralisch?

Man kann die Moral der katholischen Kirche nicht ernst nehmen, weil sie zu ernsten Themen nicht wirklich Position bezieht. Sie ist interessengesteuert und lavierend im Diesseits, und vertröstet ansonsten aufs Jenseits. Es ist eine Pseudo-Moral, die nur zu den Themen Stellung nimmt, die der Kirche zu pass kommen. Sobald es aber ans Fleisch der katholischen Kirche geht, sobald ihre eigene Machtposition, ihre Mitgliederzahl, ihr Einfluss bedroht sind, wird Moral zur untergeordneten Kategorie. – Sind das nicht erstaunliche Parallelen zur Politik?

IV. Schwul[13]

IN ETWAS JÜNGEREN JAHREN war ich häufig als Reporter auf dem Land unterwegs – meist in zutiefst katholischen Gefilden. Eine gute Anlaufstelle, wenn man etwas herausbekommen möchte, ist neben dem örtlichen Sheriff und dem Bürgermeister auch immer der Ortspfarrer. Dabei stellte ich schnell fest, dass der Anteil der Homosexuellen beim kirchlichen Personal weit überdurchschnittlich war. Lassen Sie es mich so sagen: Wenn man in einen neuen Ort kam, war die Schwulenwahrscheinlichkeit beim Pfarrer signifikant höher als beim örtlichen Bäcker oder Metzger.

Ein guter Freund von mir, ein exzellenter Journalist, und schwul bis ins Mark, pflegt immer, wenn er eine Auszeit braucht, Urlaub im Kloster zu machen. Er bucht sich dort zu einer Besinnungs- und Betwoche ein, und nachher fühlt er sich wieder frisch. Dass ihn auch das schwule Klima und die hübschen Novizen erfrischen, ist ein offenes Geheimnis.

Was will ich damit sagen: Nicht etwa, dass Schwulsein bei katholischen Geistlichen schlecht ist, nein, zunächst einmal nur: Es ist evident. Die katholische Kirche hat einen Homosexuellenanteil, wie man ihn sonst in wahrscheinlich keiner anderen Organisation findet. Offizielle Zahlen gibt es natürlich nicht, aber Schätzungen bewegen sich um die 20 Prozent des männlichen Personals.

Warum ist das so? Warum zieht die katholische Kirche besonders homosexuelle Männer so in ihren Bann? Nun, die Erklärung ist nicht schwer: Wer sich ohnehin nicht zu Frauen hingezogen fühlt, den wird die Aussicht auf eine reine Männergesellschaft, auf gemeinsames Beten, gemeinsame Exerzitien (sic!) und gemeinsame Studien nicht abschrecken – im Gegenteil. Auch

---

[13] Der Autor hat vorsichtshalber nachgesehen, ob man das Wort ›schwul‹ im Jahr 2022 unbedenklich verwenden kann, man weiß ja nie. Ja, kann man, es taucht sogar im Titel von Entschließungen des Europäischen Parlaments auf.

wenn nicht zu erwarten ist, dass alle dort versammelten Männer schwul sind oder auf derartige Avancen eingehen, so ist doch die Wahrscheinlichkeit für Neulinge relativ groß, hier sexuellen Anschluss zu finden. Vielleicht nicht größer als in einer Schwulenbar im Münchner Glockenbachviertel, aber auch nicht wesentlich geringer. Und das ohne Schmuddelkram, heimliche Toilettengänge und unhygienischen, gefährlichen Sex im nächsten Park. Ich kann mir gut vorstellen, dass viele Männer, selbst wenn sie homosexuell sind, wegen der negativen Begleitumstände einen weiten Bogen um das Schwulenmilieu in Großstädten machen. Die katholische Kirche ist da eine gute, bewährte, saubere und respektable Alternative.

Man stelle sich einmal vor: Der Vatikan, eine reine Männergesellschaft, 1500 junge und alte, zum Teil schwule Männer zusammengepfercht in einem nicht besonders großen Areal. Man kann sich ausmalen (oder auch nicht), was da hinter den dicken Mauern, in verschwiegenen Studierstuben, in Privatwohnungen und beim gemeinsamen Gottesdienst (oder Duschen) abgeht.

Um es deutlich zu machen: Ich verteufle das nicht. Schlimm ist nur die, wieder mal, Doppelmoral der Kirche, die einerseits die größten Schwulentreffs weltweit unterhält, aber andererseits Homosexuelle im Alltag als »gestörte« und »nicht vollwertige« Menschen diskriminiert.

Die Meinung von Papst Benedikt XVI. dazu war im Jahr 2011 diese (doch genau lesen, denn er drückt es in der für ihn typischen verdrehten Art aus[14]): »Dass Homosexualität, wie die katholische Kirche lehrt, ein objektive Ordnungsstörung im Aufbau der menschlichen Existenz bedeutet, wird man bald nicht mehr sagen dürfen.«

Damit macht er die katholische Kirche zum armen Opfer, die »bald etwas nicht mehr sagen darf« und lenkt geschickt von seiner eigentlichen Aussage ab:»Homosexualität (ist), wie die katholische

---

[14] mehr dazu in Kapitel VIII

Kirche lehrt, eine objektive Ordnungsstörung«.[15] Oder, wie er an anderer Stelle sagte: Homosexualität gilt als Aufstand gegen die »Geschöpflichkeit«, und damit gegen Gott.[16]

Was für eine vertane Chance!

Welches großartige neue Potenzial würde sich die Kirche erschließen, wenn sie sich endlich zu ihrem Schwulsein bekennen würde. Man stelle sich den Zulauf vor, den Orden und Priesterseminare hätten, wenn sie hießen:

»Studienkolleg der schwulen Brüder vom Berge«

»Orden der schwulen Bruderschaft von Maria Gnaden«, oder

»Die ehrwürdigen schwulen Ordensbrüder von Bad Binz«

Leider ein Hirngespinst. Die Kirche beharrt auf ihren mittelalterlichen Vorstellungen von Sexualität[17], obwohl sie selbst das Kardinalbeispiel dafür ist, dass Sexualität in vielfältigen Formen auftritt: Von der Enthaltsamkeit, über Porno-Sammeln und Onanieren, den Sex mit der Pfarrersköchin oder Nachbarin, zum Schwulsein. Alles legale und legitime Formen. Zur illegalen Abteilung kommen wir im nächsten Kapitel: Pädophilie.

Politisch korrekte Nachbemerkung: Dass die katholische Kirche schwul sei, ist natürlich per se kein Argument für einen Kirchenaustritt. Um was es geht, ist auch hier die Bigotterie, mit der die Kirche nach außen hin etwas verteufelt, was sie nach innen verkörpert wie wohl weltweit keine andere Organisation.

---

[15] In: Marcello Pera/Joseph Ratzinger: Ohne Wurzeln. Der Relativismus und die Krise der europäischen Kultur, Sankt Ulrich Verlag 2005, S. 70 [*]

[16] zitiert nach: Alan Posener: Der gefährliche Papst, Ullstein, 2011, S. 141

[17] Anfang 2022, nachdem wieder einmal erschreckende Missbrauchsfälle und ihre Vertuschung ans Licht kamen, vernahm man kurzfristig vereinzelt zeitgemäßere Ansichten von einigen deutschen Kirchenfürsten (die ganz und gar nicht repräsentativ für die Weltkirche sind).

V. Pädophil

ZU BEHAUPTEN, die gesamte katholische Kirche wäre pädophil, ist eine unsinnige Aussage, die ich hier ausdrücklich *nicht* machen möchte. Allerdings befördert sie in starkem Maße ein Milieu der Pädophilie.

Die Kirche zieht Pädophile an, genau wie sie Schwule anzieht, aus nicht denselben, aber ebenfalls aus strukturellen Gründen: eine abgeschottete Gemeinschaft, eine reine Männergesellschaft ohne das Korrektiv von Frauen, ein quasi garantierter Umgang mit Schutzbefohlenen (Kindern), denen gegenüber man als Vertrauens- und Respektsperson auftritt. Darüber hinaus nicht nur eine abgeschottete Gemeinschaft, sondern eine überaus verschwiegene, von der bekannt ist, dass sie sexuellen Missbrauch zuerst einmal nicht bei der Staatsanwaltschaft anzeigt, sondern »intern« regelt, mit einer Rüge, oder einer Versetzung.

Ist das nicht ein Paradies für Pädophile?

Doch, das ist es. Und genau deshalb findet man so viele Pädophile in der Kirche. Mit dem Zölibat hat das eher weniger zu tun.

Nun kann man sich durchaus vorstellen, dass es Gesellschaften gibt, in denen die körperliche Liebe zu Kindern, wenn sie denn auf Gegenseitigkeit beruht, toleriert wird, und tatsächlich gab es solche (und gibt sie immer noch in einigen Weltgegenden). Ein jeder, der den großartigen Roman ›Lolita‹ von Vladimir Nabokov gelesen hat, kann vielleicht ansatzweise nachvollziehen, welche Faszination ein heranwachsendes Mädchen auf einen erwachsenen Mann ausüben kann. Das nur vorweg, um klarzumachen, dass ich kein blindwütiger Verfolger von pädophil Veranlagten bin.

Was aber an Missbrauch in der katholischen Kirche geschah, und vermutlich immer noch geschieht, steht auf einem ganz anderen Blatt: Erniedrigung, Demütigung, Folter, Qual, Vergewaltigung von heranwachsenden Mädchen und Jungen in allen denkbaren Positionen: All das kam *im großen Stil* erst seit etwa dem Jahr 2010 (und seither immer wieder) ans Tageslicht.

Wenn man das Ganze verkürzt »Pädophilie« nennt, tut man ›echten‹ Pädophilen auch ein wenig Unrecht, denn es handelt sich hier wie gesagt um mehr: Ein Missbrauchs-System, basierend auf Vertrauen, Abhängigkeit, Einschüchterung, Gewalt, bis hin zur geistigen und realen Folter, und besonders begünstigt durch die in Heimen geschaffene Isolations-Situation. Ein System, in dem sich pädophil Veranlagte erst so richtig entfalten konnten, und noch schlimmer, in dem sich sadistisch Veranlagte auf sexuelle Art ungebremst ausleben konnten (und können).

Fairerweise muss man sagen, dass es nicht nur die katholische Kirche betrifft, sondern die Kirche ganz allgemein, und ebenso Einrichtungen, Internate, Schulen, Sportvereine, die gar nichts mit der Kirche zu tun haben. Aber eben auch, und in besonderem Maße, die katholische Kirche.

Warum sind die Fälle so perfide?

Weil es um den Missbrauch von Schutzbefohlenen geht, weil die Kinder genau von den Menschen, zu denen sie Vertrauen haben sollten, ihren Priestern, Pfarrern, Lehrern, Betreuern und so weiter, missbraucht wurden. Da werden seelische Wunden geschlagen, die nie wieder heilen.

Und wer wusste nun am allerbesten seit Jahrzehnten über diese Vergewaltigungsfälle und Sex-Exzesse in der katholischen Kirche Bescheid, egal wo auf der Welt sie passierten? Es war kein anderer, als der Chef der Glaubenskongregation Joseph Ratzinger, schon lange bevor er zu Benedikt XVI. wurde.

Die Glaubenskongregation, das ist so etwas wie das Innenministerium des Vatikan, mit eigenem Informantensystem und angegliederter Sanktionierungsbehörde. Früher nannte man diese Abteilung der Kirche Inquisition, erst 1908 wurde der Name geändert. (Die Inquisition war z. B. zuständig für die ›Hexen‹verbrennungen, die Verbrennung des Freidenkers Giordano Bruno oder aber den Prozess gegen den Wissenschaftler Galileo Galilei.) Die zentrale Aufgabe der Glaubenskongregation ist der Schutz der Kirche vor abweichenden Glaubensvorstellungen. Außerdem ist sie dafür zuständig, Verfehlungen von Kirchenpersonal, die nicht mit den katholischen Grundsätzen übereinstimmen, auszubügeln und zu maßregeln. Chef dieser mächtigen zentralen Kontrollstelle war von 1981 bis zu seiner Papstwahl im Jahre 2005 Joseph Ratzinger.

In der Tradition seiner Vorgänger gab Joseph Aloisius Ratzinger die Anweisung heraus[18], Missbrauchsfälle, wo immer sie auf der Welt geschehen mögen, unmittelbar und direkt an ihn und die Glaubenskongregation zu melden, nicht aber an die Staatsanwaltschaften. Die Fälle sollten intern geklärt werden – was in der Regel durch Versetzung, oder wenn es ganz schlimm war, Suspendierung, geschah. Eine Strafanzeige erfolgte über Jahrzehnte hinweg so gut wie nie.

Niemand sonst war also so gut informiert wie Joseph Ratzinger. Was tat er aber? So gut wie nichts. Hier und da wurde mal ein Priester versetzt, der dann umgehend an anderer Stelle weiter Kinder missbrauchte. Solange, bis endlich ein Opfer oder ein Angehöriger Polizei und Staatsanwaltschaft einschaltete. Ein Ende gesetzt wurde dem Missbrauch immer nur von staatlichen Stellen, nie von der Kirche. Viele dieser Fälle sind dokumentiert, und in nicht wenigen war der spätere Papst, Joseph Ratzinger, ganz nah am Geschehen. Er war über vieles informiert, und schwieg.[19]

Das macht die Scheinheiligkeit so unerträglich, wenn katholische Kirchenchefs heute beteuern, wie unwissend und unschuldig die Kirche in all den Fällen war. Es sei etwas »Schreckliches« passiert, man könne sich aber nicht erklären, wie es dazu kommen konnte, schlimme Einzeltäter[20] waren am Werk, und so weiter.

Was für ein Bullshit.

---

[18] Im Schreiben ›De delictis gravioribus‹,
  http://de.wikipedia.org/wiki/De_delictis_gravioribus

[19] Anfang 2022 tauchten ähnliche Vorwürfe gegen Joseph Ratzinger bezüglich seiner Zeit als Erzbischof von München und Freising in den Jahren 1977 bis 1981 auf.

[20] Im Januar 2022 räumte Kardinal Reinhard Marx systemische Ursachen ein.

Der Missbrauch hatte, eben weil er in der Kirche sanktionslos bleibt, Methode und war flächendeckend.

Das Vertuschen sexueller Aktivitäten ganz allgemein, auch wenn sie völlig legal sind, hat in der Kirche eine uralte Tradition. Das trifft auf Prostituierten-Besuche oder Sexaffären von Priestern ebenso zu wie auf uneheliche Kinder oder Homosexualität. Bei Pädophilen (und schlimmer: Kinder schändenden Sadisten) wandte man (und wendet man) das Prinzip genauso an, obwohl man sich hier außerhalb des Gesetzes bewegt.

In erster Linie, viel mehr als um den Schutz der Opfer oder Wiedergutmachung, geht es ums Vertuschen, Verheimlichen, unter den Teppich kehren der sexuellen Aktion.

Aus diesem Grunde verachtet die Kirche die Opfer so sehr und missbraucht sie damit ein zweites Mal. Denn um sie geht es nicht, sie sind ein Störfaktor, der so schnell wie möglich vom Erdboden verschwinden sollte, im Interesse einer höheren Sache: Der Kirche.

VI. Riesig

DIE KATHOLISCHE KIRCHE ist keine kleine Veranstaltung: Rund 1,35 Milliarden Mitglieder hat die römisch-katholische Kirche mit ihren assoziierten Kirchen, also jene Ausprägungen des Katholizismus, die den Papst als Oberhaupt anerkennen. Rechnet man das Christentum (also mit den protestantischen, orthodoxen und anderen Kirchen) insgesamt, so kommt man auf die etwa doppelte Zahl: Rund 2,6 Milliarden Menschen auf der Erde sind Christen Eine gewaltige Menge. (Rund 1,8 Milliarden sind Moslems, 950 Millionen Hindus, rund 450 Millionen sind Buddhisten).

Bleiben wir bei den Papstanhängern: 1,35 Milliarden. Gründeten die römisch-katholischen Christen einen eigenen Staat, so hätten sie (nach China mit 1,41 Mrd. und Indien 1,39 Mrd.)[21] aus dem Stand das dritt bevölkerungsreichste Land der Erde geschaffen. Das Bruttoinlandsprodukt dieses fiktiven Staates ist unbekannt, aber es könnte wohl mit den weltweit zehn größten Volkswirtschaften mithalten. Und das ist, wie gesagt, nicht die Christenheit insgesamt, sondern nur die römisch-katholische Kirche mit dem Papst als Oberhaupt.

Mit 1,25 Millionen Angestellten gehört die katholische Kirche auch zu den größten Arbeitgebern der Welt, gleich hinter Walmart (2,3 Millionen) und amazon (1,3 Millionen). Andere multinationale Konzerne wie IBM, General Electric, BP oder Siemens sind Zwerge dagegen. In dieser Hinsicht größtes deutsches Unternehmen ist Volkswagen mit 660.000 Arbeitnehmern.

Die katholische Kirche hat zudem schon vor Jahrhunderten geschafft, was sich heute viele Sekten und okkulte Gemeinschaften erträumen: Den Aufbau einer kompletten Parallelgesellschaft in rund 100 Staaten der Welt, oder anders gesagt, der Hälfte der bewohnten Erdoberfläche. Eine Parallelgesellschaft mit eigenen Strukturen, eigener Hierarchie, eigenen Gesetzen.

---

[21] Alle Zahlen Stand 2019 (Religionen) und 2021 (Population)

Hierzulande nennt man das: Bistümer, Diözesen, Vikariate, Präfekturen, Pfarreien und so weiter, und man nimmt es wie selbstverständlich hin.

Der Eroberungszug der katholischen Kirche war erfolgreicher als jeder Krieg, als jede staatliche Expansion, die es je auf diesem Planeten gab. Diesen Eroberungszug nennt man Mission, und darum, ob die Annektierten missioniert werden wollten oder nicht, hat sich die Kirche nie Gedanken gemacht. Man hatte als rechter Christ auch keine Wahl: Man musste missionieren, und die anderen auf den rechten Weg leiten. Auch wenn sie vorher, ohne das Christentum, schon glücklich und zufrieden waren. Dann waren sie eben verblendet.

So gibt es heutzutage auf der Erde kaum einen Ort, an dem man ankommen kann, und an dem nicht schon ein Kirchturm auf einen wartet.

Doch natürlich kann man nicht sagen, die Kirche habe die Staaten unterwandert, denn sie war ja oft zur Stelle, bevor es überhaupt Staaten gab. Nein, sie hat den ursprünglichen (natur-religiösen, animistischen, okkulten etc.) Glauben der Menschen unterwandert. Auf dieser moralphilosophisch-theologischen Basis wurden dann oft erst neue Staaten geschaffen.

Ob man das wirklich als Heilsbringertum bezeichnen kann, darüber kann man heftig streiten. Denn niemand weiß, wie die Geschichte ohne den Einfluss der Kirche ausgegangen wäre.

Man kann diese Expansion, den Einfluss und die durch die Kirche etablierten Parallel-Autoritäten, objektiv betrachtet, sehr kritisch sehen. Aber die Kirche hat es, durch geschickte Diploma-tie und feinsinnige Trennung ihres eigenen Machtanspruches von der Politik, über Jahrhunderte hinweg geschafft, ein akzep-tierter und geehrter Mitspieler, den man nicht weiter hinterfragt, zu werden. Heutzutage ist das Hinterfragen vollständig abge-schlossen: Die katholische Kirche ist eben die katholische Kirche, und sie hatte einen wesentlichen Einfluss auf die Entwicklung unserer westlichen Kultur: auf Literatur, Kunst, Dichtung, Malerei, auf das Rechtswesen und die Politik. So ist es eben. Das ist die Kraft des Faktischen. Genauso könnte man den Mond hinterfragen, als die katholische Kirche zu hinterfragen.

Leider ist das eine arg naive, unpolitische und unmündige Einstellung, die sich gerade für Journalisten nicht ziemt. Darum ist das blindwütige, kritiklose Hochschreiben der Kirche und des Papstes durch manche Medien so ärgerlich.

Die Staatschefs weltweit wissen genau, welches politische Schwergewicht sie zu Gast haben, wenn der Papst zu Besuch kommt. Auf Grund der schieren Größe und Mächtigkeit der Kirche ist es selbstverständlich, dass er überall mit höchsten staatlichen Ehren empfangen wird. Aber meist begegnet man ihm nicht nur von gleich zu gleich, sondern blickt vielmehr noch unterwürfig zu ihm auf und hängt an seinen Worten. Schließlich ist er nicht nur ein politisches Schwergewicht, sondern auch ein religiöses. Einer, an den man sich angesichts kollabierender politischer Systeme, gelegentlicher Bankencrashs, Inflation, Weltuntergangsstimmung, Klimaerwärmung, Hungersnöten, Erdbeben, Tsunamis und COVID-19 halten kann.

Glauben, gut und schön, aber man sollte sich nicht von mittelalterlichem Gedankengut anstecken lassen. Das wäre eine Beleidigung für den menschlichen Geist und die gesamte europäische Aufklärung des 17. und 18. Jahrhunderts.

P. S.: Wenn man häufig von einem Niedergang der Kirche und rasantem Mitgliederschwund liest, so ist das eine sehr eurozentristische Sicht, die das Gesamtbild verzerrt. Die Kirche mag hierzulande Mitglieder verlieren, weltweit aber kränkelt sie kein bisschen und wächst munter weiter:

Die Zahl der Katholiken in Deutschland sank zwischen 1990 und 2020 trotz zunehmender Gesamtbevölkerung von 28.252.000 auf 22.600.000, die Zahl der Taufen von 299.796 auf 104.610, die Zahl der kirchlichen Trauungen von 116.332 auf 11.018 und der

Anteil der Gottesdienstteilnehmer unter den Katholiken von 21,9 auf 5,9 Prozent.[22]

Im weltweiten Maßstab sieht es ganz anders aus: Die Zahl der Katholiken stieg zwischen 2013 und 2018 um knapp 6 Prozent[23]. Damit ist die katholische Kirche im Verhältnis schneller gewachsen, als die Weltbevölkerung. Der Anteil der Katholiken an der Weltbevölkerung stieg somit ebenfalls, und betrug im Jahre 2020 etwa 17,7 Prozent.[24]

---

[22] Wikipedia, http://de.wikipedia.org/wiki/Katholizismus

[23] www.domradio.de/artikel/kirche-waechst-afrika-priesterschwund-europa-vatikan-legt-neue-zahlen-zur-weltweiten

[24] www.vaticannews.va/de/vatikan/news/2021-03/statistik-katholiken-priester-ordensleute-vatikan-welt-bischoefe.html

VII. Reich

AUSNAHMSWEISE, zu Beginn, ein Goethe-Zitat:

»Die Kirche hat einen guten Magen.

Hat ganze Länder aufgefressen

und doch noch nie sich übergessen.«

(Faust I, Mephisto, Spaziergang)

Eigentlich wollte ich dieses Kapitel nur kurz abhandeln, aber als ich anfing, ein wenig zu diesem Thema zu recherchieren, wurde mir schwindlig.

Zuerst stieß ich auf einen Artikel bei Spiegel-Online, »Der geheime Milliardenschatz des Klerus«[25], der sich dem Thema widmete. Es taucht die Zahl von 270 Milliarden Euro auf, so reich sei die katholische Kirche, wenn man alles zusammenrechnet. Ich musste den Artikel mehrmals lesen, ehe ich kapierte, dass damit nur das Vermögen in Deutschland gemeint war, denn der Autor hatte sich nicht sehr präzise ausgedrückt.

Dieser Artikel ist heute zwölf Jahre alt und berief sich zum Teil auf Zahlen, die wiederum damals schon 15 Jahre[26] alt waren. Sehr konservative Schätzungen des heutigen Gesamtvermögens belaufen sich auf rund 560 Milliarden Euro.

Ich ging zu einer der Quellen, die die Spiegel-Schreiber benutzt hatte, die Website des Autors und Politikwissenschaftlers Carsten Frerk. Dieser listet dort das Vermögen der katholischen Kirche auf, soweit er es bei aller Geheimhaltung und gegen Widerstände ermitteln konnte. Allein der Grundbesitz, über den die Kirche in Deutschland verfügt, lässt staunen. Frerk: »Insgesamt befinden

---

[25] www.spiegel.de/wirtschaft/soziales/0,1518,686793,00.html

[26] Einige der zu diesem Thema verfügbaren Zahlen stammen aus dem Jahr 1994, was daran liegt, dass katholische wie evangelische Kirche ihr Vermögen in konspirativer Art und Weise geheim halten.

sich demnach (2013[27]) rund 825.000 Hektar (8,25 Milliarden Quadratmeter) im konfessionellen Besitz, was einem Anteil von 2,3 Prozent der Gesamtfläche Deutschlands entspricht.«

Die anderen Werte, die der Politikwissenschaftler ermitteln konnte, ziehen einem die Schuhe aus:

• Kapitalvermögen: rund 200 Milliarden Euro im Jahr 2013.[28]

• Gottesdienststätten, und der Grund und Boden, auf dem sie stehen: rund 170 Milliarden Euro (Zahl aus dem Jahr 1994).

• profaner kapitalisierbarer Grundbesitz und Immobilien: rund 200 Milliarden Euro, und das, *ohne* das Eigentum einer Vielzahl konfessioneller Verbände und Vereinigungen mitzurechnen. (Zahl aus dem Jahr 1994)

Zusammen rund 570 Milliarden Euro in Deutschland. Da sämtliche Zahlen nicht aktuell bzw. uralt sind, kann man sich ausmalen, wie gewaltig sich das Vermögen durch Wertsteigerung von Immobilien und Aktien weiterentwickelt hat.

Noch nicht einmal berücksichtigt sind dabei die aus diesem Vermögen erzielten Einnahmen, z. B. Kapitalzinsen, Dividenden, Mieten, Pachten, Erbbauzinsen und so weiter.

Wenn also das Gesamtvermögen der deutschen katholischen Kirche – äußerst konservativ geschätzt – heute 500 Milliarden Euro beträgt, wie hoch ist dann das Vermögen der katholischen Kirche weltweit?

---

[27] Leider ist keine aktuellere Zahl verfügbar, jedoch dürfte sich der Umfang des Grundbesitzes nicht wesentlich verändert haben, der Wert jedoch dürfte erheblich gestiegen sein.
https://de.wikipedia.org/wiki/Verm%C3%B6gen_der_r%C3%B6misch-katholischen_Kirche

[28] www.welt.de/wirtschaft/article147405067/Bloss-kein-Porno-Wo-die-Kirche-ihr-Geld-anlegt.html

Muss man die Zahl verdreißig-, verfünfzig-, oder verhundert-fachen? Man denke allein an die Schätze, die im Vatikan lagern, den Reichtum in den katholischen Ländern Europas, an die Stärke der katholischen Kirche in Südamerika oder einem Land wie den Philippinen.

Rechnen wir mal ganz konservativ, und nehmen an, dass die deutsche katholische Kirche eine weit überdurchschnittlich reiche ist, multiplizieren wir die 500 Milliarden nur mit 30. (Bedenken Sie dabei, dass die Kirche in rund Hundert Staaten der Welt – nach Zählung der UNO gibt es offiziell 193 – maßgeblich vertreten ist.) Das ergibt eine Summe von 15.000 Milliarden Euro, 15 Billionen, was etwa dem Bruttoinlandsprodukt der EU im Jahr 2018 entspricht Eine unvorstellbare Menge Geld.

Sicher, diese Zahlen sind unseriös, weil geschätzt. Aber es gibt keine anderen. Die Kirche wird sich hüten, eine Aufstellung dieser Art zu machen.

Um diese Schätzung besser zu fundieren, kann man nur weiter graben, und findet neue, erschreckende und verblüffende Zahlen. Viele davon sind ebenfalls sehr alt, aber es gibt offensichtlich keine aktuelleren. Hier einige Beispiele und Zitate aus Websites, die ich durchstöbert habe. Sicher sind nicht alle davon valide, aber die Richtung, in die sie alle weisen, ist doch aufschlussreich.

STICHWORT GRUNDBESITZ:

Einige Zahlen, die man mehr oder weniger kennt:

Italien: über 500.000 Hektar Ackerland

Spanien: ca. 20 Prozent aller Felder

Portugal: ca. 20 Prozent aller Felder

Argentinien: ca. 20 Prozent aller Felder

England: ca. 100.000 Hektar Land

USA: über 1.100.000 Hektar Ackerland[29]

---

[29] ›Freie Christen‹,

www.freie-christen.com/reichtum_der_kirche_ist_blutgeld.html

VATIKAN – STICHWORT GOLD:

Zitat: »In der italienischen Zeitschrift *Oggi* wurde der Goldschatz des Vatikan [1952] hinter demjenigen der USA als der zweitgrößte der Welt beziffert.[30] Diese Aussage lässt sich heute nicht mehr nachvollziehen und ich kann den Sachverhalt nicht belegen. Es geht hier jedoch nur darum, zu zeigen, in welchen Größenordnungen wir uns bewegen. Nach dem Finanzskandal um die Vatikanbank IOR[31] zeigte sich jedenfalls, wie trickreich und konspirativ das Vermögen des Vatikan angelegt ist, so dass alles möglich erscheint.

STICHWORT AKTIEN UND GELDANLAGEN:

»Die auswärtigen Finanzreserven des Vatikans sind vornehmlich an der Wallstreet konzentriert. Insgesamt dürfte sich der Gesamtbesitz der Kirchenzentrale an Aktien und anderen Kapitalbeteiligungen bereits im Jahr 1958 auf etwa 50 Milliarden Mark[32] belaufen haben.« Wohlgemerkt 1958! »Wenn das gesamte Vermögen der katholischen Kirche zusammengezählt wird, ist sie der größte Börsenmakler der Welt, schätzt das ›Wall Street Journal‹.«[33]

ZURÜCK ZU DEN IMMOBILIEN:

Gehören Kirchen und kirchliche Bauten nicht der Allgemeinheit? Sind sie denn verkäuflich? Stellen sie überhaupt einen materiellen Wert dar?

Natürlich. Im Grundbuch steht die Kirche, der Bischof, keineswegs steht da »*Besitzer: Wir alle*«. Es kommt immer wieder

---

[30] ›Freie Christen‹,
www.freie-christen.com/reichtum_der_kirche_ist_blutgeld.html

[31] ›Vatileaks‹-Affäre, de.wikipedia.org/wiki/Istituto_per_le_Opere_di_Religione

[32] das ist die aktuellste (!) Zahl die Wikipedia im Jahr 2022 liefert, was die Intransparenz augenscheinlich macht:
https://de.wikipedia.org/wiki/Verm%C3%B6gen_der_r%C3%B6misch-katholischen_Kirche

[33] Quelle wie Fußnote 30

vor, dass eine Kirche ›umgewidmet‹, also sozusagen entkirchlicht, und dann verkauft wird. Wird das Geld unter den Armen der Stadt verteilt? Davon ist nichts bekannt. Das Geld geht auf das Konto des eingetragenen Eigentümers, und das ist in der Regel der zuständige Bischof. Und von dort an eine Kirchenbank, die es verwaltet.

Schon 1986 schreibt einer der profiliertesten Vatikan-Kritiker, Avro Manhattan[34]: »Die Behauptung, dass dieses Vermögen nicht der katholischen Kirche gehöre, ist genauso unsinnig, wie zu sagen, dass eine kommunistische Diktatur nichts besäße, weil alles Eigentum dem Volk gehöre.«

Noch schlimmer wird es, wenn man darüber nachdenkt, wie das Vermögen der Kirche überhaupt zu Stande kam. Aber das würde hier zu weit führen. Die ›Freien Christen‹ haben sich dazu auf ihrer Website *»Der Reichtum der Kirche ist Blutgeld«*[35] ausführlich Gedanken gemacht. Nur einige Stichpunkte: Sklaverei, Leibeigenschaft, Ablasshandel, Raubmord, Inquisition und Hexenverbrennungen, Urkundenfälschung, Erbschleicherei, Ämterverkauf, und so weiter. Es lohnt sich, das mal durchzulesen, wenn einem nach Gruseln zumute ist.

Denkenswert ist besonders der Anfang der Streitschrift: Die ›Freien Christen‹ schreiben: »Wie ist denn die Kirche im 2. und 3. Jahrhundert überhaupt entstanden? Zwar hat sie sich aus dem Urchristentum heraus entwickelt. Doch schon bald hat sie das Urchristentum in sein Gegenteil verkehrt. Das begann damit, dass ganz allmählich die *Hausmeister und Kassenwarte* der Urgemeinden die Macht übernommen haben. Denn die Presbyter (Ältesten)

---

[34] Avro Manhattan (1914–1990) war ein italienischer Schriftsteller, Historiker und Künstler. Er widmete sich zahlreichen politischen Themen, insbesondere der Rolle des Vatikan in der Weltpolitik. https://en.wikipedia.org/wiki/Avro_Manhattan

[35] Magazin der ›Freien Christen‹, www.theologe.de/reichtum_der_kirche_ist_blutgeld.htm

und die Episkopoi (Aufseher) – also die Priester und die Bischöfe, wie sie bis heute heißen – waren die Kassenverwalter und Organisatoren der Veranstaltungen. Und diese ehrenamtlichen Tätigkeiten wurden plötzlich zu Hauptberufen, deren Amtsträger erst mal an sich selbst dachten. Sie legten z. B. fest, dass der Bischof für sich ein Viertel sämtlicher Einnahmen bekam – genau soviel wie sämtliche Armen der Gemeinde zusammen. Und im Grunde ist diese Regelung bis heute so geblieben.«

Angesichts der vorgetragenen Daten und Zahlen ist es abenteuerlich, dass die Kirche auch heute noch vom Staat für sich Steuergelder einsammeln lässt. Aber darauf kann ich jetzt nicht eingehen, das würde den Rahmen sprengen. Auf jeden Fall sind diese staatlich verordneten Zwangsabgaben natürlich auch etwas, was die Kirche Tag für Tag nicht ärmer, sondern noch reicher machen.

Ein Gedankenspiel zum Schluss: Stellen wir uns vor, im ersten Jahrhundert nach Christus hätte sich ein Wirtschaftsunternehmen gegründet.[36] Die exorbitante Leistung dieses Unternehmens: Es besteht bis heute. Nennen wir es die ›Scherenfabrik‹. Ein cleveres Startup, denn Scheren werden schließlich immer gebraucht. Fortan hätte dieses Unternehmen regelmäßig Profite gemacht, diese rentabel angelegt, und wieder neue Profite gemacht. Außerdem wäre es durch eine Sondersteuer (›heilige Scherensteuer‹) extrem von der Wirtschaft und Politik bevorzugt worden. Alleine durch *Zins und Zinseszins* wäre dieses Unternehmen, das nun seit 2000 Jahren besteht, heute so gigantisch reich, dass es sich gar nicht ermessen lässt. So war das mit der Kirche, und darum ist ihr gewaltiger Reichtum nur logisch.

---

[36] zum Vergleich, die heute reichsten Unternehmen, Amazon, Apple und Microsoft, wurden 1994, 1976 bzw. 1975 gegründet, die Nummer acht auf der Liste, Tesla, erst 2003
https://de.statista.com/statistik/daten/studie/12108/umfrage/top-unternehmen-der-welt-nach-marktwert/

VIII. Fies

BENEDIKT XVI. (Joseph Ratzinger) war ein gewiefter Rhetoriker, und im Verdrehen und Vernebeln der Realitäten ganz großartig.

Oft geschah das auf subtile Art und Weise, indem er falsche Bedeutungen verwendete, neue Wortgebilde erfand oder propagierte (Evolutionismus statt Evolution) oder Umdeutungen vornahm. Zum Beispiel beim Begriff »Vernunft«: Vernunft im von uns gebrauchten Sinne ist für ihn etwas Übles.

Die Vernunft, die er dagegen setzt, ist ein vor-rationale, christliche »Vernunft«. Immer wieder findet sich bei ihm die Wendung, die Vernunft müsse durch die Religion »gereinigt werden«, um dadurch sozusagen zur eigentlichen Vernunft zurückzukehren. So macht er den Begriff »Vernunft« für sich selbst extrem flexibel, um ihn dann in beidem Sinne, abwertend und zustimmend, je nachdem, wie es passt, zu gebrauchen. Eine ganz gängige Methode, die er häufig anwendet.[37]

In summa: Er riss oft Zitate aus dem Zusammenhang und baute sie in seine Vorträge ein, er erfand gern neue Wortkonstruktionen, oder deutete bekannte Begriffe um, oder verwendete bewusst subtil falsche Bezeichnungen.

Bis hierhin kann man das alles als rhetorische Tricks einstufen, wie sie auch von Politikern verwendet werden. Allerdings nicht so ausfernd und permanent, denn bei Politikern wirkt die Kontrolle der Medien: So etwas braucht nur einmal durchschaut und analysiert zu werden, und ein Politiker wird sein manipulatives

---

[37] Dieses Kapitel entstand im Jahr 2011, also zur Zeit des aktiven Papstes Benedikt XVI. – Es ist nicht anzunehmen, dass Joseph Ratzinger 2022, in seinem betagten Alter noch derartige Worteskapaden unternimmt. Allerdings, seine 70-seitige Stellungnahme im Januar 2022 zum Gutachten der Münchner Rechtsanwaltskanzlei Westpfahl, Spilker, Wastl bezüglich Missbrauchsfällen in der Erzdiözese München und Freising erinnert durchaus an dieses spezielle rhetorische Talent.

Neusprech, egal zu welchem Thema, nicht mehr verwenden. Diese soziale, mediale Kontrolle versagt beim Papst. Der kann fabulieren, was er will.

Fies wird die Wortakrobatik, wenn sie sich nicht gegen theoretische Begriffe, sondern gegen Menschen wendet, meist gegen solche, die sich nicht mehr dagegen wehren können.

Bei einer Rede in Auschwitz etwa sagte Joseph Ratzinger im Jahre 2006 vor dem Gedenkstein von Edith Stein: »Es war mir eine innere Pflicht, auch vor dem Gedenkstein in deutscher Sprache besonders innezuhalten. Von dort tritt das Gesicht von Edith Stein (...) auf uns zu – Jüdin und Deutsche, die zusammen mit ihrer Schwester im Grauen der Nacht des Nazideutschen Konzentrationslagers verschwunden ist, die als Christin und Jüdin mit ihrem Volk und für ihr Volk sterben wollte.«[38]

Um es klar zu sagen, Edith Stein »wollte« alles andere als sterben. Sie ist auch nicht »verschwunden«. Sie wurde von der Gestapo aus den Leben gerissen, nach Auschwitz verschleppt, ermordet.

Die Täter übrigens sind für Benedikt verführte und verblendete Opfer: gebraucht und missbraucht von einer »kleinen Schar von Verbrechern«.

Aber man muss nicht gleich mit der Nazi-Keule kommen. Es geht auch hier nicht darum, Joseph Ratzinger rechtsnationales Denken zu unterstellen, sondern es geht um das Prinzip seiner Diktion, seiner Rhetorik, für die es kennzeichnend ist, dass er auf subtile Weise Subjekt und Objekt der Handlung, Täter und Opfer, Freund und Feind, vertauscht.

Nehmen wir ein ganz anderes Thema: Ein Hobby Ratzingers, etwa seit er Chef der Glaubenskongregation wurde, war es, wissenschaftliche Selbstverständlichkeiten in Frage zu stellen, so

---

[38] Rede von Papst Benedikt XVI. in Auschwitz, Mai 2006,
https://www.vatican.va/content/benedict-xvi/de/speeches/2006/
may/documents/hf_ben-xvi_spe_20060528_auschwitz-birkenau.html

die Evolutionstheorie, und den inquisitorischen Kampf der Kirche gegen wissenschaftliche Aufklärung zu rechtfertigen.

Bereits 1981 sagte Joseph Ratzinger in einer Predigt in Freising über Galileo Galilei folgendes: »Galilei, wenn er sinngemäß sagt: Falls die Natur nicht freiwillig auf unsere Fragen antwortet und ihre Geheimnisse enthüllt, werden wir sie auf die Folter spannen und im peinlichen Verhör ihr die Geheimnisse entreißen, die sie nicht freiwillig gibt. Die Konstruktion der Instrumente der Naturwissenschaft ist für ihn gleichsam die Bereitung dieser Foltermittel, in der der Mensch als der absolute Herr sich die Antworten holt, die er von diesem Angeklagten wissen will.«[39]

Perfekter kann man die Umdeutung und Umdrehung nicht hinkriegen. Man muss sich klar machen, dass Galileo von der Kirche verfolgt wurde, *er* wurde damit bedroht, gefoltert, also real »auf die Folter gespannt« zu werden, wenn er seine Aussagen nicht widerruft. Bei Ratzinger wird er vom Folteropfer zum Folterer.

Neun Jahre später sagt Ratzinger in Rom: »Zu meiner Überraschung wurde ich vor kurzem in einem Interview über den Fall Galilei nicht etwa gefragt, wieso die Kirche sich angemaßt habe, naturwissenschaftliche Erkenntnisse zu behindern, sondern ganz im Gegenteil, warum sie eigentlich nicht klarer gegen die Verhängnisse Stellung genommen hat, die sich ergeben mussten, als Galileo die Büchse der Pandora öffnete.«[40]

Das ist ein weiterer sehr beliebter rhetorischer Trick Ratzingers: Er versteckt sich hinter einer anderen Aussage (in diesem Fall der Frage eines Journalisten), die er zum Teil negiert oder abschwächt, oder wie hier, erstaunt zur Kenntnis nimmt, um dann denjenigen sagen zu lassen, was eigentlich am liebsten er, Ratzinger, sagen möchte: »Die Kirche hätte eigentlich klarer gegen die Verhängnis-

---

[39] Joseph Kardinal Ratzinger: Im Anfang schuf Gott. Vier Predigten über Schöpfung und Fall. Konsequenzen des Schöpfungsglaubens, 2005, S. 42 [*]

[40] zitiert nach Posener, S. 168

se Stellung nehmen sollen!« Freilich ist dies so geschickt eingefädelt, dass man es ihm nicht nachweisen kann, und vielleicht nicht einmal unterstellen darf.

Vergleichen Sie einmal dieses Strickmuster mit der Passage seiner »Regensburger Rede«, in der er den Islam aufs Korn nahm (siehe Kapitel: *Islamistisch*). Es ist haargenau die gleiche rhetorische Konstruktion.

Man kann fast jedes beliebige Thema nehmen: Die Verdrehung der Realitäten hat(te) Methode. Zum Gebrauch von Kondomen sagte Benedikt XVI. folgendes: »Das Kondom erscheint wirksamer als die Moral, aber wenn man glaubt, die moralische Würde des Menschen durch Kondome ersetzen zu können, um seine Freiheit ungefährlich machen zu können, dann hat man den Menschen von Grund auf entwürdigt und produziert genau das, was man zu verhindern vorgibt: eine egoistische Gesellschaft, in der jeder sich ausleben darf und keiner Verantwortung übernimmt.«[41]

Klingt aufs erste Lesen überzeugend, so schlagkräftig, so bestimmt.

Aber analysieren wir einmal: Hier heißt die rhetorische Formel: Moral versus Kondom, das eine killt das andere. Aber was – ganz ehrlich – ist das eigentlich für ein Unfug? Wer sagt, dass man durch ein Kondom die »moralische Würde des Menschen« ersetzen möchte? Wer hat das vor?

Ist es nicht vielmehr so, dass man moralisch sein, und trotzdem ein Kondom verwenden kann – oder gerade deshalb?

Es ist nichts weiter als die Hölle, die der damalige Kardinal Joseph Ratzinger an die Wand malt: So könnte es kommen, die Sitten verfallen, die Gesellschaft wird egoistisch, der Mensch ist entwürdigt, weil seine Sexualität »frei« und »ungefährlich« ist und weil sich jeder »ausleben« darf.

---

[41] In: Joseph Kardinal Ratzinger: Gott und die Welt. Glauben und Leben in unserer Zeit. Ein Gespräch mit Peter Seewald, DVA 2001, S. 369 [*]

Das ist ein Sittengemälde, ein Hirngespinst, eine Drohkulisse des Mittelalters, mit der die Kirche schon immer ihre Schäfchen beisammen halten wollte.

Und auf Grund dieser irrationalen und völlig schrägen Argumentation dürfen katholische Seelsorger und Angestellte der Kirche keine Kondome[42] in akut aidsgefährdeten Gebieten Afrikas verteilen.

Noch ein anderes, letztes Beispiel, das besonders evident ist, weil sich ausnahmsweise auch einmal ein Betroffener meldete und widersprach:

Etwa zur gleichen Zeit, als die Kirche Galileo diskreditierte, versuchte sie auch die Evolutionstheorie umzudeuten und in ein neues Licht zu stellen. Sie lehnt(e) das wissenschaftlich anerkannte Prinzip der Evolution – zufällige Mutationen und umweltbedingt gerichtete Selektion ab – und will auf etwas anderes hinaus; einen konkreten Plan, ein intelligentes Design, das letztlich im Menschen endet. Ein Schöpfergott eben, mit seinem Plan vom Menschen. So etwas zu glauben, ist das gute Recht der Kirche, schließlich ist sie eine Kirche, keine Wissenschaft.

Fies wird es aber wieder, wenn Aussagen und Aufsätze renommierter Wissenschaftler zu diesem Zweck ausgeschlachtet, bruchstückhaft zitiert und umgedeutet werden.

In einer Rede an der Sorbonne berief sich Joseph Ratzinger (im Jahr 1999) auf folgendes Zitat der angesehenen Evolutionsbiologen Eörs Szathmáry und John Maynard Smith: »Es gibt keinen theoretischen Grund, der erwarten lassen würde, dass evolutionäre

---

[42] Benedikt XVI. (2009, FAZ): »Papst: Kondome vergrößern das Aids-Problem«
https://www.faz.net/aktuell/politik/ausland/afrika-reise-papst-kondome-vergroessern-das-aids-problem-1927889.html

Franziskus (2015, ZEIT): »Papst rückt nicht von Kondomverbot ab«
https://www.zeit.de/gesellschaft/zeitgeschehen/2015-12/welt-aids-tag-papst-kondome-afrika?

Linien mit der Zeit an Komplexität zunehmen; es gibt auch keine empirischen Belege, dass dies geschieht.«[43]

Was Ratzinger damit unterstreichen will: Ohne Gott geht da nichts vorwärts, es muss einen kreativen Designer im Hintergrund geben.

Die Ausführungen der beiden Wissenschaftler gehen aber weiter, wie Ratzinger nicht mitteilte: »Und doch sind eukaryotische Zellen komplexer als prokaryotische, Tiere und Pflanzen komplexer als Einzeller und so weiter. Diese Zunahme an Komplexität könnte durch eine Reihe wichtiger evolutionärer Übergange erreicht werden. Diese hatten zu tun mit der Art, wie Information gespeichert und übermittelt wird.«[44]

Die beiden Wissenschaftler haben also eine dezidiert andere Hypothese, um den Widerspruch aufzulösen, als Ratzinger mit seiner Gottes-Hypothese.

In einem Nachruf auf seinen verstorbenen Kollegen John Maynard Smith schrieb Szathmáry: »Kardinal Ratzingers Art uns zu zitieren, ist irreführend und unangemessen und stellt insbesondere eine Beleidigung von Johns Fairness und Offenheit dar, denn es ist die Fairness und Offenheit dieser Zusammenfassung, die sie für den Missbrauch anfällig macht. John wäre nicht amüsiert.«[45]

Ich bin, ehrlich gesagt, auch nicht amüsiert. Von einem Papst erwarte ich mir mehr Seriosität und Aufrichtigkeit.

---

[43] Rede von Joseph Kardinal Ratzinger an der Sorbonne, 1999
www.domus-ecclesiae.de/magisterium/veliternum-signia.josephus-ratzinger.02.html

[44] Zeitschrift Nature, 1995, zitiert nach Posener, S. 203

[45] www.researchgate.net/publication/
8554520_Obituary_John_Maynard_Smith_1920-2004

IX. Islamistisch

DER KATHOLISCHEN KIRCHE Islamismus vorzuwerfen, mag merkwürdig erscheinen – wir kommen gleich darauf zurück.

Im September 2006 schoss Papst Benedikt XVI. in seiner berühmt gewordenen Regensburger Rede, mit einem für ihn typischen rhetorischen Winkelzug, eine Salve gegen den Islam. Er sagte, er habe kürzlich den Dialog gelesen, den »der gelehrte byzantinische Kaiser Manuel II. Palaeologos wohl 1391 (...) mit einem gebildeten Perser über Christentum und Islam und beider Wahrheit führte.«

Und dann zitiert Benedikt in seiner typischen Art und Weise etwas, indem er nämlich in Parenthese eine Einschränkung macht (»... für uns heute unannehmbar schroffer Form ...«), sich selbst also aus der Affäre zieht, gleichwohl aber die Inhalte auf die es ihm ankommt, unterbringt: »Aber der Kaiser kannte natürlich auch die im Koran niedergelegten – später entstandenen – Bestimmungen über den heiligen Krieg. ... (Er) wendet sich in erstaunlich schroffer, für uns heute unannehmbar schroffer Form, ganz einfach mit der zentralen Frage nach den Verhältnis von Religion und Gewalt überhaupt an seinen Gesprächspartner. Er sagt: ›Zeig mir doch, was Mohammed Neues gebracht hat, und da wirst du nur Schlechtes und Inhumanes finden wie dies, was er vorgeschrieben hat, den Glauben, den er predigte, durch das Schwert zu verbreiten. Der Kaiser begründet, nachdem er so zugeschlagen hat, dann eingehend, warum Glaubensverbreitung durch Gewalt widersinnig ist. Sie steht im Widerspruch zum Wesen Gottes und zum Wesen der Seele. Gott hat kein Gefallen am Blut‹, sagt er ...«[46]

---

[46] Die ›Regensburger Rede‹ des Papstes Benedikt XVI.,
www.vatican.va/holy_father/benedict_xvi/speeches/2006/september/
documents/hf_ben-xvi_spe_20060912_university-regensburg_ge.html

Im Gegensatz zu dem zitierten Palaeologos begründet Papst Benedikt diese Selbstverständlichkeit nicht, er zitiert nur.

Dies freilich in einer Art und Weise, die die überempfindlichen und hysterischen Islamisten einfach provozieren muss. Denn sie nehmen die Passage so, wie sie von Benedikt gemeint war: Als Schuss vor den Bug.

Ob Joseph Ratzinger die dann folgenden extremen Reaktionen einkalkulierte – sie gingen bis hin zur Ermordung einer italienischen Nonne in Mogadischu und Sprengstoffanschlägen auf Kirchen im Westjordanland, – kann man nicht sagen. Wahrscheinlich hat das sogar ihn überrascht.

Klar ist aber, dass die Provokation kein Zufall war, sondern ganz klarem Kalkül folgte.

Es war Zeit, ein Zeichen zu setzen, das man von der Kirche auch erwartete: Der Islam, frech und mächtig, hatte sich schon lange genug aufgespielt, da war es aus Sicht von Benedikt nur logisch und konsequent, einmal klarzumachen, wer im Besitz der wirklichen Wahrheit ist.

Doch das ist nur die halbe Geschichte. Es ist nämlich immer gut, zunächst einmal eine harte Position zu vertreten, wenn man mit jemandem in Verhandlungen eintritt – und verhandeln mit dem Islam, das wollte Benedikt XVI. schon lange.

Denn die »tiefreligiöse« Kultur des Islam ist nicht sein Gegner, sie ist ihm seelenverwandt. Der eigentliche Gegner ist die dekadente, pluralistische demokratische westliche Gesellschaft, die die Menschen wurzellos macht, einsam und unglücklich. Und darin ist er sich mit dem Islam ganz einig. Und einig ist man sich auch darin, dass für diese Religionen anderes Recht gelten soll, nicht das demokratisch legitimierte Recht des Staates, sondern ein vordemokratisches, quasi göttlich gegebenen Recht. (In dessen Namen sich dann alles Mögliche anstellen lässt, ohne dass Gott dies vielleicht so gut findet.)

Der Unterschied ist nur: Die katholische Kirche ist in diesem Punkte schwachbrüstig geworden, da funktioniert das mit dem

Sonderrecht in den demokratischen Staaten seit der Säkularisation nicht mehr so richtig. Im Islam und seinen Stammländern aber sehr wohl. Und das ist durchaus etwas, was die Kirche schmerzlich vermisst und wiederhaben möchte. Der Islam als Vorbild: Zurück ins Mittelalter.

Das erklärt die zögerliche Haltung der katholischen Kirche, wenn es darum geht, tatsächlich einmal gegen hysterische Islamisten Stellung zu beziehen und die westlichen Grundrechte zu verteidigen: Im »Karikaturenstreit« zum Beispiel: Da stellte sich die katholische Kirche eindeutig auf die Seite fundamentalistischer Moslems, die wegen ein paar harmloser Mohammed-Karikaturen Menschen ermordeten, ganze Staaten ächteten und unter Druck setzten. Die Meinungsfreiheit ist für die Kirche ein ebenso zweitklassiges Gut wie für Islamisten.

Benedikt sagte das so: Er sehe »ein großes Aktionsfeld«, auf dem Islam und Katholizismus sich »im Dienst an den moralischen Grundwerten vereint fühlen dürfen.«[47]

So versteht man auch, dass der Vatikan, anders als man vermuten könnte, im ständigen Dialog mit dem Islam steht, und etwa ein Staat wie Iran eine große Vatikan-Botschaft unterhält, in der eine Art islamische Lobby-Arbeit betrieben wird.

Nach Benedikts böser Regensburger Rede hatte man sich anderthalb Jahre später, im Mai 2008 wieder so weit angenähert, dass man mit dem Islam eine Art Nichtangriffspakt schloss. In Punkt 4 und 5 heißt es:

• »Beide Seiten stimmen überein, in der gemeinsamen Förderung wahrer Religiosität fortzufahren, in besonderer Spiritualität, und die Achtung für heilig gehaltene Symbole zu ermutigen und moralische Werte zu fördern.

• Christen und Muslime sollten über Toleranz hinausgehen, in der Anerkennung der Unterschiede, doch im Bewusstsein der Gemeinsamkeiten, und Gott dafür dankbar sein. Sie sind

---

[47] Am 20. August 2005 vor Muslimen in Köln, zitiert nach Posener, S. 229

berufen zu gegenseitigem Respekt und verurteilen deshalb die Verspottung des religiösen Glaubens.«[48]

Dagegen ist eigentlich nichts einzuwenden, denn interreligiöser Dialog ist immer gut. Einen üblen Beigeschmack bekommt es nur, wenn man sich ansieht, mit *wem* der Vatikan dieses Bündnis schloss: Es waren nicht muslimische Kirchenautoritäten, sondern ein gewisser Mahdi Mostafavi, zu jener Zeit stellvertretender Iranischer Außenminister und Berater des rechtsradikalen Islamisten Präsident Mahmoud Ahmadinedschad. Und laut deutschem Außenministerium höchstwahrscheinlich identisch mit jenem Mahdi Mostafavi, der 1979 an einem Überfall und Geiselnahme in der amerikanischen Botschaft in Teheran beteiligt war.[49]

Die katholische Kirche verteidigt die westlichen Grundwerte nicht. Im Zweifelsfalle stellt sie sich lieber auf die Seite noch so rückwärtsgewandter moslemischer Regimes. So wie sie auch im Zweifel, wenn es ihr mehr nutzt, lieber mit Diktaturen paktiert als mit Demokratien.

---

[48] Aus der gemeinsamen Erklärung des Vatikan
mit islamischen Vertretern am 1. Mai 2008,
https://www.domradio.de/node/82316
Vollständiger Text online nicht mehr verfügbar

[49] zitiert nach Posener, nach einer persönlichen Mitteilung (eMail)
des damaligen Verteidigungsministers an ihn.

X. Großes Showbiz

WARUM LIEBT die Springerpresse den Papst so, ja die ganze katholische Kirche, seit »Wir« Papst wurden? Warum haben die meisten Medien jeden Verstand und jede kritische Überlegung über Bord geworfen und himmeln und schwärmen, dass sich einem der Magen umdreht?[50]

Weil die katholische Kirche ganz großes Kino liefert, und das ist wichtiger als alles andere.

Eine Bekannte stammt wie ich aus München, sie ist, wenn nicht sehr gläubig, so doch katholisch getauft. Seit vielen Jahren lebt sie in Stuttgart, eine Stadt, mit der sie sich arrangiert hat, wegen der Ehe, wegen der Karriere und so weiter. Aber eigentlich hasst sie sie.

Ein Grund dafür ist: Die Stuttgarter sind beseelt von Evangelen, es ist ein protestantisches Land, durch und durch. Das führt zu einer gewissen Schmallippigkeit, Genussunfähigkeit, einem Mangel an Lebensfreude. Zusammen mit den anderen Eigenschaften der Schwaben wie krankhafter Sparsamkeit, natürlich ein ungesundes und wirklich unerquickliches Gemisch.

Worauf ich hinauswill: Die katholische Kirche ist das Gegenteil. Üppig, überbordend, lustvoll, krachend, wie das echte Leben. Eigentlich eine schöne Sache.

Die katholische Kirche liefert Bilder, die die Medien lieben: Der Papst als zentraler Heilsbringer, auf den man schauen kann (haben die Evangelen nicht) fährt mit seinem gläsernen Mercedes-Gefährt, schneewittchengleich, durch die Menge. Er winkt und lächelt, wie die Queen Mum. Wenn er anhält, wird er von Bischöfen und Kardinälen empfangen, die in ihre strahlendsten Gewänder gehüllt sind, sie leuchten in grün und violett, goldene Broschen und Schärpen umsäumen sie, auf den Köpfen tragen sie lange, spitze Mützen, die wie direkte Antennen zu Gott erscheinen. Prada, Gucci und Armani sind armselig dagegen.

---

[50] bezieht sich auf die Zeit nach der Papstwerdung Joseph Ratzingers

Der Papst steigt aus, geht zu einem Podium, die aufgeregte Menge zittert und vibriert, jetzt sind sie dem Gottgleichen, dem Stellvertreter Gottes auf Erden, ganz nah, er breitet die Arme aus, gleich wird er sprechen ...

Das sind die Bilder, das sind die Emotionen, die die Medien lieben, RTL liebt sie, die Bild-Zeitung liebt sie, aber die Tagesschau liebt sie genauso. Es sind einfach Bilder, die etwas hergeben. Anders, als wenn der damalige evangelische Ratsvorsitzende Huber, ein wirklich äußerst netter Mann, im dunklen Anzug in einer Pressekonferenz sitzt und etwas über seine Kirche erzählt.

Die Macht der Bilder, die Macht über die Emotionen der Masse, es waren bei weitem nicht die Nazis, die das als erste für sich ausnutzten. Schon die römischen Cäsaren haben die pompösen Massenveranstaltungen entwickelt, und die Kirche hat sie perfektioniert. Aber nicht nur perfektioniert, sondern über Jahrtausende hinweg aufrecht erhalten.

Die modernen Medien, die so sehr nach kraftvollen, mächtigen Bildern lechzen, sie lieben sie dafür.

Es ist ein Gegengeschäft der Medien mit der katholischen Kirche: Die Kirche liefert diese TV-tauglichen Bilder, die einfach hammermäßig gut sind. Es gibt keine TV-Show, die so etwas zustande bringt, das wissen die Senderchefs nur zu gut. Im Gegenzug hört man bei den Inhalten, bei dem, was die Kirche eigentlich will, bei dem, was der Papst von sich gibt, nicht so genau hin.

Genauer gesagt: Man hört überhaupt nicht hin, sonst würden sich manchem Live-Regisseur bei der TV-Übertragung die Haare sträuben, und mancher Senderchef würde darüber ins Grübeln kommen, welchen rückständigen und antidemokratischen Quark er da eigentlich ins Publikum sendet.

Print-Journalisten sollten ein wenig reflektierter sein, sie haben ja immerhin einen halben Tag Zeit, bis ihr Artikel am nächsten Morgen im Blatt landet, und manche sind sogar in der komfortablen Situation, eine Wochenkolumne zu bedienen.

Gut, nun habe ich bei weitem nicht alles gelesen, was rund um Papstbesuche gedruckt wurde, aber das, was ich gelesen und gesehen habe, war schauderhaft. Das rührt sicher nicht zuletzt daher, dass die öffentliche Meinung zum Papst und der Kirche in Deutschland im Wesentlichen von einigen wenigen konservativen und katholischen Medien bestimmt wird, die der Meinung sind: »Die Kirche kritisieren, das gehört sich nicht.« Und viele andere Journalisten hängen sich dran – da kann man ja wohl nicht viel falsch machen, oder ...?

Kann man doch. Man kann zum völlig verblödeten, Binsenweisheiten von sich gebenden PR-Propagandisten der Kirche werden. Man kann seine journalistischen Grundsätze völlig über Bord werfen, und aufhören nachzufragen: »Warum eigentlich ...«

»Warum eigentlich« Fragen gibt es viele, die man an die Kirche richten kann: Warum eigentlich dürfen in von Aids stark betroffenen Gebieten keine Kondome verteilt werden? Warum eigentlich dürfen Priester nicht schwul sein, sind es aber trotzdem massenhaft? Warum eigentlich hat sich der Papst noch nie ausdrücklich bei den Opfern von sexuellem Missbrauch entschuldigt? Warum nähert man sich der rechtsextremen Piusbruderschaft wieder an und erwägt, sie wieder zu legitimieren? Was sind eigentlich die Gründe für den Zölibat, und wann und wie ist diese verquere Regelung entstanden?[51]

Zu all dem hält die katholische Kirche auch offizielle Antworten bereit, aber sie sind so fadenscheinig, in ihrer Argumentation verzerrt, als Hilfskonstruktionen so durchschaubar – kurz, sie sind so übel, dass einem schlecht wird.

Ich werfe meinen Journalisten-Kollegen nicht vor, dass sie solche Antworten bekommen. Ich werfe ihnen vor, dass sie aufgehört haben, nachzufragen – im Tausch gegen die schönen Bilder.

---

[51] Dieser Absatz stammt aus dem Jahr 2011; partielle, dem Druck geschuldete Einsichten der Kirche schien es seither zu geben. Kritische Betrachtungen der Medien, abgesehen vom Missbrauchsthema, bleiben weiterhin dürftig.

XI. Aberwitzig & skurril

SIE KENNEN SICHER das Phänomen, das auftritt, wenn man ein Wort immer und wieder nacheinander ausspricht »Tisch, Tisch, Tisch, Tisch ...« Irgendwann kommt uns »Tisch« so merkwürdig und lächerlich vor. Warum »Tisch«? Sie kennen das Phänomen nicht? Probieren Sie es aus: »Stuhl, Stuhl, Stuhl ...«

Mit der Kirche und ihren schönen Bildern und Floskeln ist es genauso: Wenn man genauer hinsieht und -hört, wenn man die Floskeln und Formeln oft genug wiederholt, werden sie aberwitzig und skurril: »Heiliger Stuhl, Heiliger Stuhl, Heiliger Stuhl« ... warum zum Geier heiliger Stuhl?

Was ist heilig an diesem Stuhl, und um was für eine Art von Stuhl handelt es sich hier überhaupt ...? Naja ...

Jedenfalls kann einem dieses ganze Brimborium, das Glaswägelchen, die bunten Soutanen, die spitzen Mützen, der ganze päpstliche Zinnober, auch ganz schön lächerlich vorkommen.

Probieren Sie das Spielchen mal mit einigen Begriffen, die Sie möglicherweise aus der Kirche kennen: »Sakrament, Sakrament, Sakrament, Sakrament« ... »Monstranz, Monstranz, Monstranz, Monstranz ... « Mons- wie bitte?

Oder nehmen Sie die Glaubenslehren ...

Gott hat also Adam erschaffen, aus Lehm, später Eva aus Adams Rippe. Wenig später hat der Teufel (woher kam er?) sich in eine Schlange verwandelt und versucht, Eva zu verführen, mit einer »verbotenen Frucht« vom »Baum der Erkenntnis«. Eva, typisch Frau, lässt sich von der Schlange bezirzen, stiftet dann auch noch Adam zu der Schandtat an, und beide haben somit Gott hintergangen. Denn der hatte gesagt: »Lasst die Finger von den verbotenen Früchten«. Was dann folgt, ist bekannt: Vertreibung aus dem Paradies, Schufterei und Arbeit, Kriege, Autoindustrie, Pornographie, Playstation, Fast-Food, Facebook, iPhone und so weiter.

Die Schöpfungsgeschichte kann man noch symbolisch nehmen, und die meisten vernünftigen Priester und Religionswissenschaftler tun das auch.

Bei der Dreieinigkeit Gottes aber verstehen sie keinen Spaß, das sei wörtlich zu nehmen. In der Tat ist die Dreieinigkeit Gottes einer der höchsten Glaubensgrundsätze der katholischen Kirche.

Wie sieht das aus?

Gott ist zugleich Gottvater, Sohn und Heiliger Geist, aber es sind nicht drei getrennte Wesen, sondern es ist ein einziges. Aber es ist auch nicht wirklich ein einziges, sondern die drei Unterformen Gottes sind drei »Hypostasen« der Trinität. Hypostasen, was sind das?

Es kommt vom griechischen Verb »hypístēmi«, das etwa »darunter stehen«, »vorhanden sein« oder auch »stützen« bzw. »das, was sich unten ansammelt« bedeutet.[52]

Für das philosophische Verständnis des Begriffs hilft das Bild eines zunächst in einer Flüssigkeit gelösten Stoffes, der dann aber absinkt, sich verdichtet und als Bodensatz sichtbar wird. Hypostasis meint also hier »Essenz« oder »dauerhafter Bestand«. Das, was bleibt, auch wenn etwa die zugehörige Flüssigkeit bereits verdunstet ist.

Gott Vater, Sohn und Heiliger Geist sind also Manifestationen eines umfassenderen Gottes (nach katholischer Logik allerdings: Manifestationen von sich selbst), die sich einerseits unterscheiden – warum hätten sie sonst unterschiedliche Namen? – aber andererseits doch identisch sind.

Ganz schön skurril, oder?

Diese Lehre war übrigens keineswegs von Anfang an da, sondern wurde im 4. Jahrhundert nach Christus erfunden. Heute aber ist sie unverrückbarer, existenzieller Glaubensgrundsatz der katholischen Kirche.

---

[52] Wikipedia, http://de.wikipedia.org/wiki/Hypostase

Oder nehmen wir die »Realpräsenz« Jesu Christi bei der Eucharistie (Abendmahl):

Die römisch-katholische Kirche lehrt, dass beim Brot brechen, beim Abendmahl, bei der Heiligen Messe, wie immer man es nennt, Jesus tatsächlich (in der Substanz von Brot und Wein) mit seinem eigenen Fleisch und Blut anwesend ist. Allerdings: Die sinnlich erfassbaren Bestandteile (»Akzidenz«) von Brot und Wein bleiben unverändert. Also, auf deutsch: Es sieht aus wie Brot und Wein, schmeckt wie Brot und Wein, aber real, ganz real, in Wirklichkeit, ist es Jesus, besser gesagt, der tote Jesus, sein Leib und Blut. Aha.

Man könnte wahrscheinlich massenweise derartige logische Pirouetten und inhaltliche Skurrilitäten aufzählen, aber ich bin kein Bibelforscher, das haben sicher andere schon zur Genüge getan.

Mir geht es nur darum, daran zu appellieren, hier und da mal wieder den kritischen Verstand einzuschalten.

Nicht, dass ich etwas gegen ein in sich geschlossenes Glaubenssystem mit seinen Eigenheiten und Absonderheiten hätte (darum ist es ja auch ein Glaubenssystem, andernfalls würde man es Wissenschaft nennen), aber im Kontext mit all den anderen Fakten hier in diesem Buch sind es einige Mosaiksteinchen mehr, die mich die katholische Kirche kritisch sehen lassen.

Es ist gut und schön, wenn man das alles symbolisch, allegorisch nimmt, wenn man den Glauben als innere moralische Instanz aktiviert hat und sich dazu an Vorbildern, Allegorien, den Zehn Geboten oder alten Geschichten aus der Bibel orientiert.

Allergisch werde ich aber, wenn mir jemand das alles plötzlich als bare Münze verkaufen will. Wenn Katholiken behaupten, die Erde sei ziemlich genau 6000 Jahre alt, und damals sei die Geschichte mit Adam und Eva genau so passiert. Wenn der Papst darauf besteht, die Evolutionstheorie zu ignorieren. Wenn mir der Pfarrer in der Kirche weismachen will, die Dreieinigkeit Gottes oder der Leib Jesu in Form einer Hostie sei eine reale, faktische Sache, eine »Realpräsenz«, nicht etwa ein Sinnbild.

Wo leben wir eigentlich, und vor allem, wann?

Haben wir die französische Revolution und die Aufklärung, haben wir Descartes, Voltaire, Heinrich Heine und Ludwig Börne, haben wir Einstein, Brecht und Freud hinter uns gebracht, um uns von merkwürdig verkleideten alten Männern weiter für dumm verkaufen zu lassen?

Freilich muss man der Kirche Respekt zollen: Sie hat sich seit zweitausend Jahren in der Evolution der Gedanken und Philosophien durchgeschlängelt, und ist dabei sogar immer stärker geworden. Sie bietet garantiert mehr Kontinuität als eine deutsche Bundesregierung. Gäbe es einen Jesus-Euro, würde ich mir keine Sorgen darum machen. Die Kirche per se steht für Sicherheit.

Aber die Kirche hat sich auch immer gewandelt und hat sich den Zeiten angepasst. Darum wäre auch heute eine gewandelte Kirche wünschenswert, eine Kirche, die nach Vorne geht, die den gleichen Weg wie die Menschen einschlägt, in Sachen Vernunft, Toleranz, Meinungsfreiheit, Demokratie und Bürgerbeteiligung. Nicht eine Kirche, die zurück will ins Mittelalter.

XII. Notwendig

KEIN MENSCH kann sagen, wie wir heute dastehen würden, wenn es das Christentum nie gegeben hätte. Aber die Vorstellung, dass wir dann alle frei, aufgeklärt und vernünftig, unbeleckt religiöser Wahnvorstellungen einher schlendern würden, ist mehr als naiv.

Wenn sich das Christentum nicht in Europa und im ganzen Westen ausgebreitet hätte, dann wäre es eine andere Religion, vielleicht der Islam oder der Manichäismus gewesen. Oder, wenn wir Glück gehabt hätten, der Buddhismus, Hinduismus oder Taoismus, denn diese neigen weniger dazu, die Menschen zu kujonieren. Aber eins ist ziemlich sicher: Die Menschen lassen sich ihren Gott, egal wie sie ihn nennen, nicht austreiben.

Wenn man es versucht, wie in der Ex-Sowjetunion, lebt die Religion um so stärker wieder auf.

Es scheint also so eine Art Grundgesetz zu sein, dass wir einen Gott brauchen. Genetisch bedingt. Die Antwort darauf könnte lauten: Es gibt wirklich einen Gott, und unser Körper, unsere Seele unser ganzheitliches Ich spürt das eben viel besser, als der Verstand es realisieren kann.

Dagegen habe ich nichts einzuwenden, und dieses Buch richtet sich ja nicht gegen den Glauben, sondern gegen die verstaubten Dogmen der katholischen Kirche, gegen die Institution der katholischen Kirche als solche, die sich längst nicht mehr nur als bescheidene Vertretung einer höheren Macht auf Erden fühlt, sondern selbst als göttlich und unfehlbar. Einfach eine Hybris.

Wenn das Christentum nie existiert hätte, würde uns das leider keinen Deut weiterhelfen, im Gegenteil. Denn da ist man ja lieber noch Christ als Moslem.

Aber noch schlimmer ist es, sich auszumalen, was wäre, wenn die Kirche jetzt, von heute auf morgen zusammenbrechen würde, und es sie nicht mehr gäbe. (Ein bloßes Gedankenspiel – denn so etwas ist dank ihrer dezentralen Struktur und ihrer Größe völlig unmöglich, selbst wenn jemand einem Papst nachweist, dass er fünfzig in Ketten gelegte Konkubinen in seinem Keller hält.)

Dann nämlich, wenn also das Unmögliche tatsächlich eintreten würde, entstünde ein Glaubens- und Machtvakuum, das die blumigsten Höllenprophezeiungen des Christentums wahr machen würde: Verzweiflung, Selbstmorde, Niedergang der Sitten, Mord und Totschlag aller Orten, ein völliger Verfall der Werte, Plünderungen, Vergewaltigungen.

Der Staat, was ist damit? Nun sicher, ist der Staat ein gewisses Korrektiv, sicher würde er eingreifen und das Schlimmste verhindern, das Militär würde aufmarschieren, eine Ausgangssperre verhängen und so weiter. Eben wie in kaputten Regimen, in denen gerade ein System zusammengebrochen ist, und in dem sich noch keine neuen Regeln ausgeformt haben.

Der Staat wäre aber nur ein Pflaster auf die Wunden, er könnte sie nicht heilen. Als moralische Instanz ist der Staat kein Surrogat für den Glauben. Moralisch ist die parlamentarische Demokratie in vielen westlichen Ländern, auch in Deutschland, ein Bankrotteur. Ein Stichwort dafür reicht: Cum-Ex.

Darum kann man von einem Staat so eine moralische Leistung nicht erwarten. Darum würde es neue Heilsbringer geben. In Mitteleuropa würde sofort der hungrige und in den Startlöchern wartende Islam das Feld übernehmen. In anderen Weltgegenden würden andere Religionen das christliche Glaubensgebiet annektieren. Sekten würden aufblühen, und ganz neue Religionen würden sich vielleicht entwickeln, um die Hohlräume der Seelen wieder aufzufüllen.

Denn die Menschen lassen sich, wie gesagt, ihren Gott nicht austreiben.

Das alles kann und wird nicht passieren, denn die Kirche ist schon längst *»Too big to fail«*.

Diese Floskel wird gern von Politikern für Banken und Aktiengesellschaften verwandt, an denen sie selber Anteile halten. Diese Sichtweise ist völlig undemokratisch und unmarktwirtschaftlich:

Jede Bank, jede Firma, jede Institution, so groß und mächtig sie sei, muss Bankrott gehen können, muss sich auflösen können, wenn sie versagt hat. So müssen die Spielregeln sein.

Bei einer einzigen Institution stimmt das »*Too big to fail*« allerdings tatsächlich, und zwar seit vielen hunderten von Jahren: Bei der katholischen Kirche.[53]

---

[53] Kapitel XII. liefert natürlich nicht wirklich ein Argument *für* den Austritt aus der katholischen Kirche, allerdings: Es gibt auf dem Planeten so einige Religionen, die weniger engstirnig sind, als der Katholizismus.

Schlussbemerkung (2012)

BEGONNEN habe ich dieses Buch freihändig, ohne großes Quellenstudium, ohne eine Vielzahl von Büchern und Unterlagen, die ich gelesen hätte. Nein, einfach aus der Wut im Bauch, wie oberflächlich und unkritisch von den deutschen Medien über einen Papstbesuch im September 2011 berichtet wurde.

Rein aus dem Gefühl heraus machte ich eine Liste dessen, was mit der Kirche heutzutage nicht stimmt, das wurden dann die *Zwölf Thesen*. [In der neuen Auflage sind es die *Zwölf Argumente*.]

Als ich dann anfing zu schreiben, vertiefte ich mich natürlich in das Thema und stöberte im Internet, wo mir Alan Poseners Buch *»Der gefährliche Papst«* und viele weitere begegneten.

So kommt es, dass durch das Posener-Buch sicher einige Ideen in mein kleines Traktat eingeflossen sind, die vorher anders, vage, oder nur als gefühltes Unwohlsein vorhanden waren. Doch bis auf eine Ausnahme (Kapitel ›*Fies*‹) habe ich die ursprüngliche Gliederung der *Zwölf Thesen* beibehalten. Benedikt-Zitate allerdings, viele wurden nicht verwendet, habe ich fast ausschließlich dem Posener-Buch (und einigen Internet-Seiten) zu verdanken. Sie wurden genau gekennzeichnet, und die Primärquellen sind in den Fußnoten angegeben.

Noch eine Anmerkung: Dieses Buch ist (fast) ohne Wikipedia entstanden (Ausnahme: einige Zahlen in den Kapiteln ›*Riesig*‹, und ›*Reich*‹ sowie eine Begriffsklärung im Kapitel ›*Skurril & Aberwitzig*‹). Es geht auch ohne! Trotzdem ist Wikipedia natürlich eine tolle Sache, und wird von mir mit jährlicher Spende unterstützt (bitte nachmachen!). Wer zum Beispiel mehr über den Namensgeber des Pseudonyms erfahren möchte, schaue hier:

https://de.wikipedia.org/wiki/Giordano_Bruno

Vorwort zur ersten Auflage (2012)

DIE EILIGE SCHRIFT entstand im Anschluss an einen Papst-besuch in Deutschland im September 2011[54], aus Ärger über die unkritische Berichterstattung und die Papst-Lobhudelei der deutschen Medien. Ich bin Journalist, und immer wenn der Journalismus versagt, platzt mir der Kragen. Dann muss ich etwas tun, wenigstens schreiben. (Leider versagt der Journalismus heute allzu oft, aber das nebenbei. Bleiben wir beim Papst.)

Die katholische Kirche befindet sich auf einem Parforceritt zurück ins Mittelalter. Geistig steht Papst Benedikt XVI. der katholisch-fundamentalistischen Piusbruderschaft näher als einem normalen, aufgeklärten Christenmenschen des 21. Jahrhunderts. Wissenschaftliche Erkenntnisse, die der Glaubenslehre widersprechen, werden von der katholischen Kirche lächerlich gemacht, sogar Galileo Galilei wird wieder diskreditiert. Reaktionäre Dogmen wie der Zölibat oder das Kondomverbot werden nicht aufgehoben, sondern bekräftigt. Das Thema Sexualität ist geprägt von Bigotterie und Heuchelei, Schwule werden diskriminiert (obwohl die katholische Kirche selbst die größte Schwulenvereinigung der Welt ist). In abgeschotteten, jeder Kontrolle entzogenen Milieus der Kirche (und anderer Institutionen) konnten sich außerdem zu allem Übel Pädophilie und Sadismus ungebremst entfalten. Eine echte Entschuldigung[55] bei den Opfern bleibt aus, stattdessen wird weiter verharmlost und vertuscht. Man könnte die Liste noch lange fortsetzen ...

Doch wenn der Papst das Land besucht, wird er hochgejubelt, wie ein Heilsbringer, wie ein echter Messias. Die Medien spielen

---

[54] damaliger Papst: *Benedikt XVI., Joseph Ratzinger*

[55] Ergänzung: Am 8. Februar 2022 machten ›Zeit‹, ›Spiegel‹ und andere Medien eine aufgeregte Eilmeldung daraus, dass der Ex-Papst Benedikt XVI. bei Missbrauchsopfern um Entschuldigung gebeten habe. Was alleine schon zeigt, wie selten eine Entschuldigung von oberster Stelle vorkommt.

eine beklagenswerte Rolle, wenn es um die Volksverdummung im Interesse der katholischen Kirche geht. Kritische oder nachdenkliche Stimmen von Journalisten sind kaum zu hören, man ist viel lieber *happy im Papst-Wahn.* – So nett und sympathisch ein Journalist wie Andreas Englisch, der Papstverehrer des Springer-Verlags auch sein mag, so erfrischend aufgedreht er von seinen Papst-Begegnungen erzählen kann – er steht doch auf der Seite der Verdummung und Anti-Aufklärung. Diesen Vorwurf muss er sich – stellvertretend für viel andere – gefallen lassen.

Die *»Eilige Schrift«* ist tatsächlich recht eilig entstanden, in den drei Wochen nach dem Papstbesuch [Benedikt XVI.] in Deutschland im September 2011. – Keineswegs beschäftige ich mich hauptberuflich mit dem Christentum oder Katholizismus, sondern wollte einfach rasch meine Meinung zu dem Thema aufschreiben. – Und ich möchte mich auch in Zukunft nicht ver-stärkt damit beschäftigen. Aus diesem Grunde verwende ich hier ein Pseudonym, wie Sie sicher bemerkt haben.

Bruno Jordan,
München, Dezember 2011
[Vorwort zur ersten Auflage, leicht gekürzt]

Über den Autor

DER AUTOR ist Journalist, Herausgeber und Verleger in München. Er besuchte die Münchner Journalistenschule und studierte Politik, Organisationspsychologie und Geschichte der Naturwissenschaften. Nach Reporterjahren, auch in Asien, arbeitete er als leitender Redakteur für große deutsche Verlage und später als Chefredakteur für den englischen ›Future Verlag‹. Heute beschäftigt er sich schwerpunktmäßig mit Wissenschaftsthemen. Daneben übersetzte er Werke von F. Scott Fitzgerald, H. G. Wells, Virginia Woolf u. a. neu ins Deutsche.

Dieses Buch gibt es auch als eBook, z. B. im amazon Kindle Bookstore